U0519323

省级综合性博物馆常设
展览的历史展示研究

A Study on the Historical Display of
Permanent Exhibitions in Provincial
Comprehensive Museums

赵祎君　李敏　艾兰　任琳/著

西南财经大学出版社

四川·成都

图书在版编目（CIP）数据

省级综合性博物馆常设展览的历史展示研究/赵祎君等著 . —成都:西南财经大学出版社,2021.4

ISBN 978-7-5504-4832-2

Ⅰ.①省… Ⅱ.①赵… Ⅲ.①博物馆—历史—专题陈列—研究 Ⅳ.①G265

中国版本图书馆 CIP 数据核字(2021)第 061537 号

省级综合性博物馆常设展览的历史展示研究
SHENGJI ZONGHEXING BOWUGUAN CHANGSHE ZHANLAN DE LISHI ZHANSHI YANJIU

赵祎君　李敏　艾兰　任琳　著

责任编辑:李特军
助理编辑:王琴
封面设计:墨创文化
责任印制:朱曼丽

出版发行	西南财经大学出版社(四川省成都市光华村街 55 号)
网　　址	http://www.bookcj.com
电子邮件	bookcj@swufe.edu.cn
邮政编码	610074
电　　话	028-87353785
照　　排	四川胜翔数码印务设计有限公司
印　　刷	四川五洲彩印有限责任公司
成品尺寸	148mm×210mm
印　　张	5.625
字　　数	143 千字
版　　次	2021 年 4 月第 1 版
印　　次	2021 年 4 月第 1 次印刷
书　　号	ISBN 978-7-5504-4832-2
定　　价	78.00 元

作者简介

赵祎君：四川大学历史文化学院考古学系 2014 级博士研究生，研究方向为考古学、博物馆学。

李敏：四川大学历史文化学院考古学系 2019 级博士研究生，成都大学美术与设计学院讲师，研究方向为文物学与艺术史、博物馆学。

艾兰：四川大学历史文化学院考古学系 2016 级博士研究生，广西民族博物馆副研究馆员，研究方向为文物学与艺术史、博物馆学。

任琳：四川大学历史文化学院考古学系 2016 级博士研究生，研究方向为文物学与艺术史、博物馆学。

前　言

　　省级综合性博物馆作为我国博物馆领域中的特殊群体，其展示设计往往反映了这一时期行业内较高的发展水平，体现着这一时期相对典型的创作思路，并对本地区其他博物馆展陈业务的开展具有重要的指导作用与影响力。同时，为社会及其发展服务是所有博物馆的根本宗旨，社教功能是时下人们判定博物馆现代化程度的重要指标；展览与教育一体两面，常设展览承担着博物馆教育的核心任务，是博物馆服务社会大众的最重要途径之一。

　　首先，本书拟从展览的类别（依据展示内容进行分类）、比重、办展率、各馆荣获历届全国博物馆"十大陈列展览精品"奖项的次数与获奖展览类别的角度，对我国31家省级综合性博物馆常设展览的现状进行描摹，分析其形成的原因并指出该现状所反映出来的问题。在此基础上，本书将进一步聚焦于省级综合性博物馆常设展览的历史展示，立足内容设计层面，从展览的选题、展示结构、展陈方式三个角度出发，对其现状进行评析。

　　其次，本书还将围绕"记忆"与"认同"两大核心概念，从博物馆学与历史学（尤其是历史哲学）中寻找学理依据，借以阐释博物馆历史展示的核心问题，从而为解决现阶段省级综合性博物馆常设展览的历史展示缺乏思想深度以及感染力不足的现实困境提供一条新的思考路径。与此同时，本书也将以个案分析的方式，试图为省级综合性博物馆常设展览的历史展示设计提供参考范例。

最后，本书将围绕博物馆展陈领域的新动向（信息定位与展览叙事），通过阐释"信息定位型展览"与"叙事性展览"二者的特征与设计方式，以期为省级综合性博物馆常设展览的历史展示提供更有助于实现"建构集体记忆、促进地域认同"传播目的的策展理念与模式，并对当中所涉及的历史展示的真实性问题进行探讨与说明。

简而言之，本书旨在通过运用归纳研究法、调查研究法、个案研究法、比较研究法以及跨学科研究法，尝试对省级综合性博物馆的历史文化类常设展览"为何展示""展示什么""如何展示"的问题进行思考与探索。在理论层面，本书试图充实国内博物馆界对历史展示内容策划的现有研究，提升学界和业界对"为何展示"以及"历史展示的核心问题"的重视程度；在实践层面，本书则希望能为省级综合性博物馆乃至其他地方综合性博物馆常设展览的内容设计提供一些借鉴与参考。

赵祎君

2021 年 2 月

目 录

第一章 绪论

一、研究背景

省级综合性博物馆作为我国博物馆群体里的代表性博物馆，其陈列展示设计往往反映着这一时期本行业相对较高的发展水平，体现着这一时期相对典型的创作思路，对本地区其他博物馆展陈业务的开展具有重大指导作用与影响力。同时，省级综合性博物馆作为博物馆群体中的一员，为社会及其发展服务是其根本宗旨，社教功能的强弱更是时下人们判断并衡量博物馆现代化程度的重要指标。展览与教育一体两面，常设展览承担了博物馆教育的核心任务，是博物馆服务社会大众的最重要途径之一。

进入信息时代后，博物馆展览在本质上被学术界视为一种信息传播行为。传播学曾将传播效果划分为三个不同层次，即引发观众知识的变化、引发观众思想的变化、引发观众行为的变化。一个比一个层次高，一个比一个效果好。从展陈现状来看，我国省级综合性博物馆常设展览的历史展示水平大多数还停留在传播知识的层面，面临着思想深度与感染力不足的现实问题。与此同时，随着学科的深入发展，史学领域新的学术思潮已经出现，书写历史的观念和方式也在不断更新。因此，从策展的理论支撑角度去探索并解决展览思想深度的问题，借助历史哲学去提升省级综合性博物馆常设展览的传播水平，无疑是值得研究的课题，也正是本书研究的初衷。

二、研究对象的概念界定

（一）省级综合性博物馆

国际博物馆协会认为：博物馆是一个为社会及其发展服务的、向公众开放的非营利性常设机构，以教育、研究、欣赏为目的，征集、保护、研究、传播并展出人类及人类环境的物质及非物质遗产。

中国博物馆界认为：博物馆是文物和标本的主要收藏机构、宣传教育机构和科学研究机构，是我国社会主义科学文化事业的重要组成部分；博物馆是以教育、研究和欣赏为目的，收藏、保护并向公众展示人类活动和自然环境的见证物，经登记管理机关依法登记的非营利性组织。

所谓博物馆类型，就是指一定数量的博物馆依据某种共同的标准相互联系所形成的类别，其划分依据会随着博物馆自身的不断发展而日益多元化。因此，世界各国的博物馆因发展状况不同而很难形成一个公认统一的分类标准。

我国博物馆在 1988 年以前被划分为综合性、纪念性和专门性（也称专题性）三大类别，这是新中国成立以来，国家统计机关一直使用的分类类别。至 1992 年《中国大百科全书 文物·博物馆》出版，我国主管部门与相关领域的专家在参照国际上关于博物馆分类的一般性标准的基础上，结合国情达成了新的共识。至此，我国博物馆被划分为"历史类"（含遗址类、革命史类、人物纪念类、民族民俗类等）、"艺术类"、"自然科学类"以及"综合类"四种不同类别。

至于省级博物馆，则是国家文物局出于对博物馆管理的需要，所界定出的一个博物馆范畴。其在行政、业务等方面由省级文化事业主管部门，如文化厅、文物局（文管会）直接管理。目前，我国共有省级博物馆90座，包括综合性博物馆31座，艺术类博物馆6座，历史考古类博物馆21座，民族学与人类学博物馆3座，自然科学类博物馆5座，行业博物馆2座，纪念馆18座以及其他类博物馆4座[①]。其中，综合性博物馆是省级博物馆最为重要的构成部分，其数量约占省级博物馆总数的34%。它既是一个省的自然遗产和文化遗产的收藏、研究与展示中心，又是一个省综合展示本地自然生态、历史文化和风土民情的博物馆类型。目前，我国的31座省级综合性博物馆呈现出一省（含自治区、直辖市）一座的分布态势。

（二）常设展览

在国际博物馆学界通行的《博物馆学关键概念》中，"展览"一词既可指展示行为的结果，也可指展示内容与展示地点的整体。当被视为展示行为的结果时，展览是博物馆最主要的功能之一。如果将博物馆理解为一个博物馆化与可视化的地点，那么展览便是"透过对象或场景的布置以及将其视为符号，可视化解释不在现场的事件"。橱窗或隔墙等是用以区分隔离真实世界的手法，不只是客观的标记物，它们同时也确保了展品和真实世界的距离，并以此向我们指出一个事实——我们处于另一个被制造出的想象世界之中。当展览被延伸至表达所有展出的对象时，它就包括了所谓的"博物馆物"——真实对象、替代物（模型、复制品及照片等）、附属的展示材料（如橱窗、活动隔墙等展示工具与文字、影片、多媒体等说明工具）乃至指引系统。在此视角下，展览即为一个以"真实对象"为核心的

---

① 白黎璠. 省级博物馆的社会价值、责任及发展方略［M］//中国博物馆协会, 宁波博物馆. 21世纪博物馆核心价值与社会责任. 北京：科学出版社, 2010：47.

沟通系统。它的每一个元素（博物馆对象、替代品或说明文字）皆可被定义为一个展品，也就是一个展览元素。展品如符号一般运作，展览则如一个沟通的过程，且此过程往往是单向的、不完整的、并以极端分歧的方式被加以诠释。

《中国大百科全书 文物·博物馆》规定：博物馆陈列是将文物、标本和辅助陈列品进行科学组合，以展示社会、自然历史和科学技术的发展过程和规律，或展示某一学科的知识，供群众观览的科学、艺术和技术的综合体。《中国博物馆学基础》则认为：博物馆陈列是在一定的空间内，以文物标本为基础，配合适当的辅助展品，按照一定的主题、序列和艺术形式组合而成的，进行直观教育、传播文化科学信息和提供审美欣赏的展品群体。

博物馆界划分展览类型的标准有很多。最通行的一种分类方式是依据展陈时间的长短，将展览分为常设展览（或称基本陈列）与临时展览两大类别。而常设展览通常要能体现出所在博物馆的性质与任务，且具备规模较大、投资金额较多、展品丰富、艺术形式水平较高的特色。

（三）历史展示

历史展示是从陈列内容的角度对博物馆展览做出的一种类型划分。按陈列内容分类的本质是按博物馆藏品所属学科的不同性质来进行区分。这一做法诞生于 18 世纪末期。由于科学学科的分类在当今世界已具有统一标准，按照陈列内容来进行的展览分类方式与按照时间长短来进行的展览分类方式一样，在全球范围内的博物馆中具有最大普适性。

本书所谓的"历史"，是一种大历史的概念，它不仅包括狭义的历史学内容，还包括考古学、人类学、民族学、民俗学等内容。

三、相关研究回顾

通过文献梳理，我们可以得出五点认识。

第一，关于地方综合性博物馆的研究较多，而关于省级综合性博物馆的研究较少，尤其是专门论及省级综合性博物馆展陈工作的研究则更是稀少。要了解展陈本身的问题，还须回到"地方综合性博物馆的陈列展览"这个大范围中。此外，常设展览一定要对博物馆的性质与任务有所体现，而省级综合性博物馆也一定要拥有区别于其他地方综合性博物馆（如市县级综合性博物馆）的独特个性与定位。因此，其所存在的问题以及造成问题的原因，虽然在一定程度上能与广大的地方综合性博物馆相通，但绝不能完全等同视之。

在专门研究省级综合性博物馆的文献中，白黎璠（任职于天津博物馆）的《省级博物馆的社会价值、责任及发展方略》与周筠（任职于河北省博物馆）的《谈综合性博物馆的发展趋势》二文的观点最具代表性。前者叙述了中国省级博物馆发展的历史和现状，以及其所享有的来自政府的支持政策和未能对等完成的社会责任。后者在讲述综合性博物馆的历史与现状、性质与特征（地方性、综合性）之余，还明确指出了综合性博物馆向专门性博物馆转变的发展趋势。周筠甚至认为，也许经过 50 多年的发展，我国的综合性博物馆完成了自己的历史使命，行将退出历史舞台，我们的博物馆工作者应积极促成综合性博物馆的消亡，以使我国博物馆事业在新的格局中获得更大的发展①。对此转变，两位学者意见相左。白黎璠认为，博物馆

---

① 周筠. 谈综合性博物馆的发展趋势［M］//国家文物局博物馆司. 博物馆建设思考答卷：2000 年全国省级博物馆管理骨干高级研讨班论文集［C］. 北京：文物出版社，2003.

的综合性向专门性的转变恰恰是目前省级综合性博物馆的问题所在，也是造成其展览信息量传递不足的重要原因；但在周筱看来，博物馆的综合性向专门性的转变不仅不是问题，反而应将其作为一种顺其自然的常态而给予积极的对待。那么，这些观点反映在博物馆的常设展览上，其展览应是综合取向还是专题取向？这是一个值得深入讨论的问题。

第二，在国内关于博物馆陈列展览的众多研究中，属于应用博物馆学范畴（实务层面）的研究较多，而属于博物馆学基础研究范畴（学理层面）的研究则相对较少。对此，中国台湾博物馆学学者张婉真曾明确指出，博物馆界"面对'如何展示'的问题，有多数的专家可以回答；而面对'为何展示'的问题，传递知识之必要的明确态度往往掩饰着未去深思展览终极目的的尴尬"①，此点也正是新博物馆学对传统博物馆学的诟病所在，认为传统的展陈实践常常在博物馆的社会意义、使命责任层面上缺乏深度思考。

随着史学领域书写历史的观念与方式在不断更新，博物馆界在其影响之下也出现了一批围绕"记忆"与"认同"概念而展开论述的研究。其中，具有代表性的文献有宋向光的《当代博物馆的社会责任》《促进"认同"是当代博物馆的重要任务》，兰维的《文化认同：博物馆核心价值研究》，燕海鸣的《博物馆与集体记忆——知识、认同、话语》，严建强的《博物馆与记忆》等。如果再结合历届国际博物馆日的主题②来看，我们不难发现，从建构记忆与促进认同的角度来谈论博物馆对社

---

① 张婉真. 论博物馆学［M］. 台北：典藏艺术家庭股份有限公司，2005：74.

② 国际博物馆日在 2010 年的主题是"博物馆致力于社会和谐"，2011 年的主题是"博物馆与记忆"，2012 年的主题是"处于变革世界中的博物馆：新挑战、新启示"，2013 年的主题是"博物馆（记忆＋创造力）＝社会变革"，2017 年的主题是"博物馆与有争议的历史：博物馆难以言说的历史"，2020 年的主题是"致力于平等的博物馆：多元和包容"。

会的塑造作用已成为世界范围内的共同趋势。原国际博物馆协会主席汉斯·马丁·辛兹曾在其《博物馆和创造力》一文中明确指出：博物馆的责任在于适应时代与社会的变革需要，为观众提供高质量的文化产品，通过创造性的引导帮助人们建立自我认知和身份认同①。他还认为，博物馆通过文化和历史方面的展示可以帮助人们开拓观照未来的视角，并使观众自己找寻解决当今变革和难题的一些答案②。那么，置身于这一时代潮流中的省级综合性博物馆，又能为社会提供何种创造性的服务呢？这类博物馆在展示历史之余是否还应当积极参与历史的创造呢？这些问题同样值得我们深思。

第三，在博物馆展陈设计的实务研究中，现有文献更关注形式设计层面；而专门从选题与展示结构角度切入去探讨内容设计的研究并不多见。陆建松曾在《"诊疗"博物馆展览工程管理之展览文本》一文中指出：展览选题要有新意和创意；主题是展览的灵魂，其立意的高度与深度直接关系着展览的思想水准。宋向光则在《陈列内容设计文本的特点及编写》一文中总结出了陈列内容的线性、板块、框架和"菜单"等几种结构形态；又在《历史博物馆陈列主题的内涵与解读》一文中归纳总结了我国博物馆学界对历史博物馆陈列主题不同定义的三种理解，即"内容抽象说""中心思想说""题材定位说"。周筠的《谈陈列的框架结构设计》一文与严建强的《博物馆的理论与实践》一书中的部分章节都在强调内容设计必须对展览主题与展示结构给予足够重视。

此外，我们从国外学者的相关论述中可知，欧美地区的展陈实务工作形成了一些相对固定的策展理念与设计流程，如"概念设计"与"故事线"、"物件取向"与"主题取向"、"陈

---

① 马丁·辛兹. 博物馆和创造力 [J]. 东南文化，2013 (6)：6-8.
② 同①。

列"与"展示""展览"的不同内涵①等。与此相关的研究

① 乔治·埃里斯·博寇（G. Ellis Burcaw）认为：陈列（display），是为让观众对物件产生兴趣而呈现物件；展示（exhibit），在含意上较"陈列"更为严肃、更有分量、更专业，它是带有教育观众的意图的一组观念的呈现；展览（exhibition），是具有艺术、历史、科学与技术性质的物件所构成的集合装置，借此引导观众在展示单元间移动，并创造意义和美感。大卫·迪恩（David Dean）又进一步解释：陈列（display），一般指的是没有加入特殊诠释的物件呈现；展示（exhibit），通常是指局部的物件群与组成画廊内整体性的诠释物质；展览（exhibition），习惯用于可理解的元素群（包括展示与陈列）并形成一个完整的藏品呈现与供大众使用的信息。由此可见，陈列与展览虽是一组可以互换使用的同义词，且常被连用简称为"展陈"一词，但在用法上仍旧存有一定差异。在我国的惯例用法中，陈列一词多指长期的、稳定的项目，如基本陈列、通史陈列等；而展览一词则多指短期的、临时的项目，如临时展览、引进展览等；二者间的显著区别在于时间的长短问题。但在英语世界中，陈列与展览的差异则更多地体现为诠释的程度问题。

我国学者段勇则认为：陈列与展览还存在时代上的差异，究其原因在于我国博物馆前30年学习苏联模式，按工作职能横向分设"三部一室"（保管部、陈列部、群工部和办公室），此时的陈列部需要同时负责内容设计与形式设计；后30年学习欧美模式，按藏品和展示内容改为纵向分工（又称"一条龙"，如历史部、艺术部等），陈列部逐渐演变为单纯负责形式设计的展览部。此外，在前一个时代，临时展览的数量和影响力度远不及基本陈列，因此"陈列"大行其道；后一个时代，博物馆有了条件，也更注重举办各类临展，并以此来吸引观众，即使是基本陈列也在不断求变求新，逐渐，展览取代了陈列的地位。上述说法在实务工作中也得到了一定印证，笔者观察到目前我国各大博物馆的官方网站上已经出现用"常设展览"取代"基本陈列"的更名趋势，更有甚者还将"常设展览"列为主项，且与"临时展览"并列，其下再细分出"基本陈列"与"专题陈列"两个子项。

本书之所以弃"陈列"而用"展览"，除了以上原因之外，更多的是出于对二者所体现出的观念差异的考量。正如段勇所言："陈列是意义相近的两个词组成的词组，陈和列都是博物馆的行为，因此陈列反映了博物馆以自我为中心的意识；展览是意义关联的两个词组成的词组，展是博物馆的行为，而览则是观众的行为，因此展览反映了博物馆面向观众需求的意识。"而在当今这个强调以人为本的社会里，博物馆的展示工作是否成功，将由观众"用脚投票"。博物馆正在迈入观众导向时代，至少在展示理念上"陈列"被"展览"替代已是大势所趋。一言以蔽之，展览是主体和客体（博物馆与公众）的关系，而陈列只是主体（博物馆）的问题。

有凯瑟琳·麦克莱恩（Kathleen Mclean）的《如何为民众规划博物馆展览》，乔治·埃里斯·博寇（G. Ellis Burcaw）的《博物馆这一行》（原名为 *Introduction to Museum Work*），大卫·迪恩（David Dean）的《博物馆展览：从理论到实践》等。而雅妮·艾雷曼（Yani Herrrman）关于将"常设展"（permanent exhibition）改称为"核心展"（core exhibition）的建议，以及其所提出的展览目的——传达及沟通其概念、价值和知识——值得我们注意。倘若顺着这一思路来反观省级综合性博物馆的展陈实践，在传播知识之余，其常设展览还有必要重视对如何影响观众价值认知这一更高层面的探索。

另外，在讨论地方综合性博物馆历史文化陈列（主要是指通史陈列）的研究中，出自复旦大学、浙江大学师生群体的相关研究颇具代表性。其中，与此相关的著作包括陆建松的《突出地域特点彰显文化优势——马鞍山市博物馆展览内容策划的理念》《讲述当地的故事——<吴兴赋：湖州历史与人文陈列>筹划的理念与特色》、严建强的《文化解读与历史陈列的个性化》《彰显个性有效传达——以常州博物馆历史陈列策划与设计为例》等；相关的学位论文则有严枫的《地方综合性博物馆基本陈列展览主题与内容定位的研究》、方苏晨的《博物馆展览文本结构研究》、陈亚萍的《论地方历史展览的特色与个性——兼谈文化地理学在地方历史文化解读中的意义》等。这些研究的共通之处在于，他们都指出了目前地方综合性博物馆历史文化展示的同质化倾向，都批评了此类展览的个性丧失问题；并从收藏政策、内容设计、形式设计三个方面对此问题进行成因分析，其中，在内容设计方面，他们认为主要原因在于各馆对展览的学术支撑和文本创作重视不够。对此问题，此类研究提出如下解决方案：重视对展览主题的提炼、文本结构的演绎、重点亮点的规划，重视对地方历史的整体解读与特点解析、对地方文化特色与优势的解析和对地方文化多样性的表达，重视文化地理学（自然环境）对地方历史文化解读的启示等。简言之，此类研究的焦点是"如何让展览更有个性与吸引力"，且一并提出了具有可行性的解决之策。然而，关于解决展览缺乏思想深度的问题，此类研究却少有涉及。虽然严建强曾经指出，历史陈列内容雷同与当前运用统一的历史理论（指单线五阶段学说）来编写脚本这一做法有关，但他并未就此展开深入讨论。目前，学界关于博物馆历史展示问题的研究也较少触及历史哲学的层面，某些西方学者认为，对于社会主义国家的博物馆而言，由于国家的政治架构已经提供给他们历史的单线运作，他们不必把历史的意义建构起来，这份责任已经为他们准备好了①。那么，我们真的就不需要对此多做研究了吗？对于业界抱怨展览缺乏思想深度的问题，倘若不从哲学角度去思考，这个问题真的就可以解决吗？博物馆中的物件若不与哲学相结合，真的就能顺利转化为历史吗？对此，本书是持怀疑态度的。

第四，借助跨学科的研究视角，可供博物馆学者参考的历史哲学方面的相关研究为数不少。柯林伍德的"一切历史都是思想史"、伽达默尔的"历史精神的本质在于与现时生命的思维性沟通"、克罗齐的"一切历史都是当代史"等观点对我们思考历史展示的相关问题具有重要启迪意义。文化遗产于今人而言的存在意义更多的是物质层面的，还是精神层面的？历史展示需不需要体现历史的"当代性"？如果需要，又该如何来体现这一"当代性"？我们所要展示的过去与观众生活的当下能否建立起必然联系，又是否能够互为解释？这些都是本书的研究兴趣所在。同时，克罗齐关于"历史"与"编年史"应被区别对待

① 肯尼斯·赫德森. 有影响力的博物馆 [M]. 徐纯, 译. 屏东：台湾海洋生物博物馆，2003：161.

的主张以及沃尔什关于"有意义的叙述"的观点，更是本书思考传统通史陈列中王朝史展示结构的哲学依据。

第五，鉴于内容设计的文本属性，我们还有必要关注语言学转向后的历史哲学①研究。海登·怀特认为，历史文本的特征在于"其内容在同等程度上既是被发现的，又是被发明的，并且其形式与其在文学中的对应物比之与其在科学中的对应物，有着更多的共同之处"②。换言之，过去虽然是真实的存在，但是由于文本性的限制，我们无法直接触知它；而任何企图对过去有所把握和领会的努力，只要是通过文本，就注定无法知晓纯粹意义上的客观事实，因为文本必然包含有主观的、解释的因素存在。因此，安克斯密特提出：过去虽然存在，但它在认识论上是一个无用的概念。按照这一逻辑继续发展下去，相对主义（没有事实，只有解释）便是其必然宿命；而这一点也正是后现代主义最受人诟病之处，毕竟历史学本身是以求真作为自身使命与学术戒律的。后现代史学的缺点是，它在理论上放弃了历史实在对历史文本的约束作用，导致历史实在丧失了真实的效用，从而使历史研究的客观性也随之丧失根基。其缺点固然明显，但其优点也不容忽视。安克斯密特指出：历史文本中包含两个截然不同的层面，一为陈述（statement），二为文本整体（text as a whole）；当整体的历史叙事意义超出了单个陈述的总和的意义时，历史叙事才成为历史叙事；从根本而言，历

———————

① 即后现代史学，或称叙述/叙事主义历史哲学。它强调历史的"文本性"，认为由于过去这一"历史实在"的缺席，历史学家能够拥有的只是文本（text），而这里所谓的"文本"并非仅指狭义的文字史料，它还包括有考古遗址、遗物等物质性的遗存。这就是说，物质遗存也应被视为广义上有待人们去解读的文本，而且它们也只有被转化为文本的形式才能进入历史研究和历史写作的流程。

② 彭刚. 叙事主义史学理论概说 [J]. 历史研究，2013（5）：32-42.

史叙述是一种语言制品（linguistic object），它不像陈述一样与过去相对应，其功用在于提供各种"提议"（proposal）以使人们能够从特定的视角来看待过去，毕竟"说出过往的某些真事易如反掌，任何人都能做到，然而，说出过往中那些恰当的事情就很困难了"①。简而言之，叙事主义将史学理论的研究重心从历史陈述（部分）转移到了历史文本（整体）上，其核心问题的改变导致了其历史研究视野的拓展，从过去对历史陈述、历史证据真实性的强调，发展到了对历史文本客观性的消解。叙事主义的理论创新在于，它在使"真理/真相""客观性"等概念的内涵更加复杂化的同时，也让人能够深刻意识到历史写作的困难与蕴含其中的创造性②。

历史哲学领域的观点对博物馆学的启示在于：在某种程度上，就个体而言，博物馆实物可以类比为单个的历史陈述，二者都强调作为历史证据的客观真实（在这一点上，仍须坚持实物或文字证据对理解与建构历史的制约作用）；但就整体而言，历史展览（所有实物的组合）则可相当于历史文本，二者都追求通过策展人或写作者的创造性思维来建构一个可理解的、有意义的历史图景，且在创造历史的过程中二者都坚持"整体大于部分之和"的哲学理念（马克思主义的唯物辩证法也有如是观点）。因此，以批判继承的态度，从后现代史学的角度去研究

① 彭刚. 叙事主义史学理论概说［J］. 历史研究，2013（5）：32-42.

② 众所周知，历史文本由若干与论题相关的、对事实的可能陈述组成。但在后现代史学之前，鲜少有人关注历史学家在创作历史文本时，选择哪些陈述，又放弃或者排斥了哪些陈述；即便是选取同样的事实陈述，有关同一历史论题的不同历史文本也会由于各自不同的写作目的而采取不同的编排结构或叙述方式，从而使这些事实呈现出完全不同的意蕴或重要性。这在史学实践中并非一件新鲜事。也就是说，对于历史学家而言，他们的任务不仅是要发现和确立历史事实，还应包括将若干事实陈述合理编排为一个有机的文本整体，而后者显然极富创造性。

并探索博物馆的历史展示问题，也不失为一种有益的尝试，毕竟展览作为用实物书写历史的一种表达方式，有必要对新的史学思潮有所汲取与反映。

四、研究内容、方法与意义

（一）研究内容

本书拟研究我国 31 座省级综合性博物馆常设展览的展示现状（包括展览的类别构成、荣获历届全国博物馆十大陈列展览精品奖项的情况），分析形成该现状的原因，并指出该现状反映的问题。在此基础上，再进一步聚焦于省级综合性博物馆常设展览的历史展示问题，并从展览的选题、展示结构以及展陈方式三个角度切入，去评析其现状。

与此同时，本书还将围绕"记忆"与"认同"两大核心概念，从博物馆学与历史学（尤其是历史哲学）的学理中寻找理论依据来分析博物馆历史展示的核心问题，并从其他博物馆的展陈个案中为省级综合性博物馆常设展览的历史展示寻找范例。

最后，本书将引入"信息定位型展览"与"叙事性展览"两种展示类型，通过阐释二者的特征与设计方式来为省级综合性博物馆常设展览的历史展示提供一种新的策展理念与路径，并对其中所涉及的历史展示的真实性问题略做探讨与说明。

（二）研究方法与步骤

本书将主要运用归纳研究法、调查研究法、个案研究法、比较研究法以及跨学科研究法进行研究。具体而言，就是通过文献研读、实地考察、数据统计、案例分析、综合思考的方式来进行研究。整个研究流程大致可以分为三个阶段。

第一阶段：文献搜集与整理。

围绕研究对象搜集文献资料，了解相关研究的现状与发展，归纳整理已有的研究成果与代表性观点。

第二阶段：案例搜集与实地考察。

本书围绕我国现有的 31 座省级综合性博物馆的常设展览、从 1997 年至今的历届全国博物馆十大精品陈列中的历史文化类的常设展览，以及其他博物馆的代表性展览来进行案例与相关评论资料的搜集。资料来源包括历年的文物报，各大博物馆的官方网站、介绍或评论性质的相关文献，友人的资料共享以及作者的实地考察。作者曾陆续实地走访了浙江省博物馆（武林馆区）、河南博物院、四川博物院、南京博物院、内蒙古博物院、天津博物馆、首都博物馆以及美国非裔美国人历史文化国家博物馆，并在参观过程中注意对各馆的常设展览，尤其是通史类展览进行学习与考察。

第三阶段：资料分析与完成写作。

本书采取宏观统计与个案研究相结合的分析方法，既对 31 座省级综合性博物馆和历届十大陈列精品中的常设展览的题材选择与展示结构进行分类统计，计算出各自比重，以期能从客观数据中了解现状、发现问题；同时又根据写作需要，挑出个别案例进行细致的比较研究与学习。本书在此基础上进行写作，并在写作过程中不断对资料进行补充与完善，直至最终完成本书。

（三）研究意义

在理论层面，本书试图充实国内博物馆界对历史展示内容策划的现有研究，提升业界、学界对"为何展示"以及"历史展示的核心问题"的重视程度，并对此提供一些个性化的探索与思考。

在实践层面，本书则希望能为省级综合性博物馆乃至其他地方综合性博物馆常设展览的策划提供一些借鉴与参考。

第二章 省级综合性博物馆常设展览的现状与分析

一、省级综合性博物馆常设展览的现状

(一) 展览类别构成情况

国内博物馆学的奠基性著作《中国博物馆学基础》一书，曾根据陈列内容将我国博物馆的陈列展览分为如下四大类别：社会历史类陈列、自然历史类陈列、艺术类陈列、科学技术类陈列。其中，社会历史类陈列还可进一步细分为通史陈列、断代史陈列、革命史陈列、专题史陈列、地方史陈列、民族史陈列、民族学陈列、民俗学陈列、考古学陈列、文物陈列等。

本书在参考上述分类方式的基础上，结合我国省级综合性博物馆常设展览与历届全国博物馆十大精品陈列的现实状况，将现有常设展览分为七种类别，即通史类展览，断代史类展览，文物艺术类展览，考古学类展览，民族学、民俗学类展览，自然科技类展览以及其他类型展览，并且将除自然科技类以外的上述所有类别的展览统称为"历史文化类展览"。

通史类展览是指对一个地区历史发展的主要过程和基本线

索进行系统展示的展览，包括××通史陈列、××文明史陈列、××历史文化陈列等。其中，绝大多数的通史类展览始于远古社会，终于1840年的鸦片战争，只有个别展览会将时间延至民国时期。也就是说，通史类展览主要的展示对象是古代史。

断代史类展览是指对某段历史时期内某一地区的历史发展概貌进行展示的展览。在省级综合性博物馆的常设展览中，它主要表现为该地区的近代革命史展览；而在历届全国博物馆十大精品陈列中，它所涉及的题材则更加广泛，既有古代史，又有近代史和现代史。

文物艺术类展览是指主要出于欣赏器物本身的目的，多从审美角度对考古出土文物或传世文物进行展示的展览，以及对名人大师的创作或捐赠进行专题展示的展览，包括××艺术展、××精品展等。

考古学类展览是指对某一考古遗址或某一考古学文化或某一地区的现有考古成果进行专题展示的展览，以及出于公共考古的目的对考古学的基本知识进行科普介绍的展览。

自然科技类展览是自然历史陈列和科学技术陈列的合称，博物馆界通常会将自然历史陈列与科学技术陈列视作两种不同类型。其中，自然历史陈列类主要依据展示内容所对应的学科体系来进行设计，如动物陈列、植物陈列、古生物陈列、地质陈列等；而科学技术陈列类则往往依据综合与专题之分、古代与现代之分来对科技史、科技成果、科学知识与技术进行展示。

民族学、民俗学类展览是指对所在地区少数民族的历史、民族风情，对当地老百姓的民俗生活、民间艺术，以及对当地的非物质文化遗产进行展示的展览。

其他类型展览是指无法准确归入上述六类的剩余展览，如"万世师表展""荆楚百年英杰""壮丽三峡""智启津沽——严修与天津近代文化教育"等。

统计结果显示，在我国31家省级综合性博物馆的197个常设展览中①，文物艺术类的展览数量比重最大，接近总数的一半；其次是民族学、民俗学类的展览数量占总数的14.2%；通史类的展览数量占比为10.2%；余下的展览类型的展览数量均不超过总数的10%，分别是断代史类的展览数量占比为8.1%，考古学类的展览数量占比为7.1%，自然科技类的展览数量占比为6.1%，其他类型展览的展览数量占比为5.1%。也就是说，历史文化类展览的展览数量占到了总展览数的93.9%，成为了省级综合性博物馆常设展览中占据绝对主导地位的展览类别（见图2.1）。

图2.1　省级综合性博物馆常设展览的类别构成

具体而言，通史类与断代史类这两种带有"史学"性质的展览类别，对于每一家博物馆而言，要么一个没有，要么仅有

---

① 此处所统计的展览个数以各省级综合性博物馆官方网站上发布的信息为准（不含数字展览与非物质文化遗产的活态展示）。由于近期新疆维吾尔自治区博物馆与内蒙古博物院的官网处于维修状态而无法正常登陆，该二馆的数据信息以本书作者实地走访为准。此外，极个别展览不易准确归类（如"逝者越千年——新疆古代干尸陈列"，本书将其归为其他类型展览，但某种程度上也可将其归入考古学类展览范畴），因此本书计算出来的此类比例具有一定程度上的主观性。

一个同类别展览。在这 31 家省级综合性博物馆中，20 家博物馆有通史类展览，办展率约为 64.5%；10 家博物馆有断代史类展览，办展率约为 32.3%（见图 2.2）。

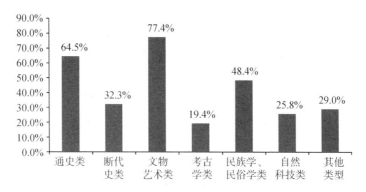

图 2.2 省级综合性博物馆常设展览中各类别展览的办展率

余下的历史文化类展览中的文物艺术类展览，考古学类展览，民族学、民俗学类展览以及其他类型展览，对于每一家博物馆而言，可能一个此类展览也没有，也可能有且不止一个此类展览。其中，24 家省级综合性博物馆有文物艺术类展览，办展率约为 77.4%；6 家省级综合性博物馆有考古学类展览，办展率约为 19.4%；15 家省级综合性博物馆有民族学、民俗学类展览，办展率约为 48.4%；9 家省级综合性博物馆有其他类型展览，办展率约为 29%。

对于自然科技类展览，31 家省级综合性博物馆中仅有 8 家博物馆举办该类展览，办展率约为 25.8%。

由此可见，在历史文化类展览中，文物艺术类展览是各大省级综合性博物馆常设展览的第一选择，通史类展览也颇受青睐；而余下类型展览在各省级综合性博物馆常设展览的办展率中，均未过半数。

（二）荣获"十大陈列展览精品"奖项的情况

由国家文物局指导，中国文物报社、中国博物馆协会主办的全国博物馆"十大陈列展览精品"（以下简称"十大精品"），是我国仅有的由博物馆主管部门长期设立的、专门评估博物馆展陈工作的国家级奖项，被誉为中国文博界的"奥斯卡奖"。该奖项的评选活动自1997年开始，至今已成功举办了十七届。

在迄今十七届全国博物馆"十大精品"的263个展览中，省级综合性博物馆获奖的展览共计108个。其中，常设展览63个，临时展览45个。就常设展览而言，获奖率最高的展览类别是文物艺术类展览，达到31.7%；其次是通史类展览，获奖率为25.4%；再次是考古学类展览、断代史类展览，以及民族学、民俗学类展览，这三种类型的展览获奖频率相差不大，分别为12.7%、11.1%、11.1%；其他类型展览的获奖率为4.8%；而自然科技类展览的获奖率垫底，为3.2%（见图2.3）。

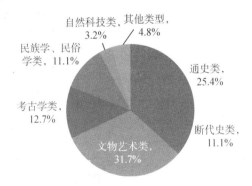

图2.3　历届"十大精品"中省级综合性博物馆的常设展览类别获奖占比

此外，就省级综合性博物馆的常设展览在历届"十大精品"中的获奖状况而言，共有28家省级综合性博物馆获奖。其中，常设展览获奖次数最多的是陕西历史博物馆与河北博物院，各获奖 4 次；其次是湖南省博物馆、河南博物院与内蒙古博物院，各获奖 3 次；有 9 家省级综合性博物馆分别获两次；有 14 家省级综合性博物馆分别获奖 1 次（见表 2.1）。

表 2.1　历届"十大精品"中省级综合性博物馆的获奖次数

单位名称	获奖次数	备注
河南博物院	8	与洛阳博物馆联合获奖 1 次； 与浙江自然博物馆联合获奖 1 次； 常设展览共获奖 3 次
陕西历史博物馆	8	常设展览共获奖 4 次
广东省博物馆	7	常设展览共获奖 0 次
首都博物馆	7	与青海省博物馆联合获奖 1 次； 常设展览共获奖 0 次
河北博物院	5	旧名为河北省博物馆； 常设展览共获奖 4 次
浙江省博物馆	5	与河南博物院联合获奖 1 次； 常设展览共获奖 2 次
安徽博物院	4	旧名为安徽省博物馆； 常设展览共获奖 2 次
福建博物院	4	旧名为福建博物馆； 常设展览共获奖 2 次
南京博物院	4	常设展览共获奖 1 次
上海博物馆	4	常设展览共获奖 1 次
湖南省博物馆	3	常设展览共获奖 3 次
辽宁省博物馆	3	常设展览共获奖 2 次
内蒙古博物院	3	旧名为内蒙古自治区博物馆； 常设展览共获奖 3 次

表2.1(续)

单位名称	获奖次数	备注
山东博物馆	3	与天津沉香艺术博物馆联合获奖1次； 常设展览共获奖2次
重庆中国三峡博物馆	3	常设展览共获奖1次
甘肃省博物馆	2	常设展览共获奖2次
黑龙江省博物馆	2	常设展览共获奖2次
湖北省博物馆	2	常设展览共获奖1次
江西省博物馆	2	常设展览共获奖1次
青海省博物馆	2	与首都博物馆联合获奖1次； 常设展览共获奖1次
山西博物院	2	常设展览共获奖1次
天津博物馆	2	常设展览共获奖1次
西藏博物馆	2	常设展览共获奖2次
新疆维吾尔自治区博物馆	2	常设展览共获奖2次
云南省博物馆	2	常设展览共获奖1次
广西壮族自治区博物馆	1	常设展览共获奖1次
贵州省博物馆	1	常设展览共获奖1次
海南省博物馆	1	常设展览共获奖1次
吉林省博物院	1	常设展览共获奖1次
宁夏博物馆	1	常设展览共获奖1次

二、现状形成的原因

（一）省级综合性博物馆性质的演变

常设展览是指能够体现博物馆性质与任务的展览。作为博物馆基本功能之一的陈列展览，不可避免地会受到博物馆性质的影响与制约。

民国时期，基于博览会（如浙江省博物馆）、考古发掘（如河南博物院）等原因或契机，由国民政府设置的"省立博物馆"是我国省级博物馆建立的肇始。进入20世纪50年代，在苏联博物馆学理论的指导下，新中国的省级博物馆纷纷走上了地志博物馆的发展模式，在性质上属于综合性博物馆。其陈列着重于展示当地的"自然资源"（地理、民族、生物资源等）、"历史发展"（革命史）和"民主建设"（政治、经济、文化等方面的建设成绩）三大内容[①]，而由这种苏联模式带来的对陈列体例的深远影响，在当今我国的省级综合性博物馆的常设展览中依然有迹可循。再到20世纪80年代，省级综合性博物馆在办馆方向上出现了重大变化：一些传统博物馆将其发展成熟的一部分业务从母体中分离出去，重新建立自然、民族、历史等方面的专门性博物馆（如浙江省博物馆分离出浙江省自然博物馆，吉林省博物馆分离出吉林革命博物馆和自然博物馆）；另一些传统博

---

① 《对地方博物馆的方针、任务、性质及发展方向的意见》（1951年10月27日颁布实施）指出："各大行政区或省、市博物馆，应当是地方性的和综合性的。即以当地的'自然资源'（包括地理、民族、生物、资源等）、'历史发展'（包括革命历史）、'民主建设'（包括政治、经济、文化各方面的建设成绩）三部分为陈列内容，使之与地方密切结合。"

物馆由于原本业务水平就不均衡，故而放弃全面发展，转向突出优势重点（如河北省博撤销了自然部和标本室）。换言之，许多省级综合性博物馆在后期的发展过程中已经逐渐背离了其创建的初衷，在性质上反而更加接近历史类的专门性博物馆。

（二）省级综合性博物馆藏品的构成

博物馆的展览以实物为载体，收藏是展览的基础，藏品的个性会折射出展览的个性。严建强先生曾表示：收藏物的性质在很大程度上决定了陈列表达的性质，成为个性化陈列的物质前提①。

目前，我国博物馆的藏品收藏活动主要通过考古发掘、田野采集、社会征集、接受捐赠、上级或馆际调拨等方式来完成，而收藏政策的指导与制约作用则贯穿于这一活动的始终。鉴于中国博物馆与金石学的天然联系，我国深厚的收藏传统局限了很多博物馆的收藏视野，出现了重视传统古器物、轻视能反映地方历史文化发展过程的其他文物的一个误区；此外，现代博物馆是由古代的"奇珍室"发展而来，但这种意识却并没有随着博物馆的现代化（主要是指社会教育功能的强化）而得以彻底改变，由此又出现了重视文物的精美程度、轻视文物内在历史文化信息价值的另一误区。这两大认识误区共同导致了一个问题，即当前省级综合性博物馆的馆藏大多数集中在以陶瓷、青铜、玉器、字画等古器物门类为主的考古发掘品和传世文物上，藏品中具有经济和艺术价值的物品居多，而能够真正见证地区历史文化发展、反映日常生产生活的物品居少，这使得各馆的藏品构成呈现出很大的相似性，进而造成了各馆陈列展示状况的雷同。

---

① 严建强. 文化解读与历史陈列的个性化 [J]. 中国博物馆，2000（4）：46-50.

（三）个别"样板模式"的导向作用

在我国的博物馆群体中，国家级博物馆与个别省级博物馆的展示设计往往代表着某一时期本行业的最高发展水平，或体现出一种新的创作思路。而各时期的"样板模式"又对其他博物馆展陈业务的开展具有重大的导向作用。

长期以来，中国国家博物馆（前身为中国历史博物馆和中国革命博物馆）的通史陈列一直代表着我国历史类展览的主流模式之一，是全国各地历史文化与综合类博物馆的重要参考范本。无论是20世纪50年代末的"中国通史陈列"，还是20世纪八九十年代的"中国通史陈列"（修改版），抑或2011年的"古代中国"（最新一版），均被各地省级综合性博物馆所参考、效仿。

此类通史陈列强调的是王朝序列的系统性，着重关注的是全国范围的总体变化，因而对地域间的差异与特色有所忽略；同时，这类通史陈列之所以能够举办成功，在很大程度上依靠的是国家博物馆的丰富馆藏与借调能力，而这种资源与政策的优势是许多省级综合性博物馆所不能具备的。虽然我国博物馆地方通史陈列体例的开创见于南京博物院1960年举办的"江苏历史陈列"[①]，但基于上述两点原因，自20世纪80年代后期起，一些博物馆开始反思和探索如何突破传统的通史陈列模式，在展示中融入更多的地方区域特色。对此的有效尝试包括：

（1）用"文明"的概念取代通史的概念，淡化全国范围的共性和过分刻板的系统化，加强对区域历史文化特色的展示。其中的代表性展览是南京博物院于1989年推出的"长江下游五

---

① 欧阳宗俊，胡雪峰，等."展·望"：新中国博物馆陈列展览60年（1949—2009）[J]. 中国博物馆，2009（3）：20-75，77.

千年文明展"。

（2）用"断代"的概念取代"通史"的概念，选取区域历史中最具影响与特色的片段进行展示。其中的代表性展览是南京市博物馆于1996年推出的"六朝风采"。但在展陈实践中，"断代史"的概念更多指向近代革命史。

（3）采用上述两种类型的混合形态。这一尝试虽然仍旧拉通区域文明的整体发展脉络，但并非面面俱到，而是改变惯用的编年史手法，只选取本地区历史上政治、经济、文化现象最为丰富的"特色"时期，采用以点带线的方式，既讲述了整个历史时段，又着重突出了本土性的文化特征。其中的代表性展览是浙江省博物馆于1999年推出的"浙江七千年"展。

（4）从区域古代文化中分门别类选取几大文物亮点，以系列专题的形式串联起整个陈列。其中的代表性展览是安徽省博物馆于1994年推出的"安徽古代文明陈列"，它由序厅、"史前时期"和"古代文明之光"三部分组成，第三部分为陈列重点，包括"江淮青铜馆""淮北画像石馆""古瓷集览馆""文房四宝馆""徽州古建馆"五个专题馆，被业内人士称为"安徽模式"①。需要注意的是，这一模式虽被称作"××古代文明陈列"，但就实质而言，它并非是通史类展览，而应归入文物艺术类展览范畴。

与此同时，在很长的一段时间里，故宫博物院与上海博物馆的文物专题类展览同样令人津津乐道。这类展览从艺术欣赏的角度切入、以文物本身（包括古今各类艺术品）作为展示重点，以提供审美享受作为展示目的；因其展品质量较高，直观生动，当中又不乏大家名作、稀世珍品，而容易引起大众的普

---

① 欧阳宗俊，胡雪峰，等."展·望"：新中国博物馆陈列展览60年（1949—2009）[J]．中国博物馆，2009（3）：20-75，77.

遍关注与追捧，并且也颇受十大陈列展览精品奖项的青睐，于是在全国各地出现了不少追随效仿者。

此外，河北省博物馆的"神秘王国——战国中山国"与"满城汉墓陈列"分别荣获第一届和第三届的十大陈列展览精品，随后一些考古资源丰富的省份开始流行举办考古类专题展览，如湖南省博物馆的"马王堆汉墓陈列"、陕西历史博物馆的"大唐遗宝——何家村窖藏出土文物展"等。

三、现状反映的问题

（一）关于博物馆的定位

该现状反映出，省级综合性博物馆对自身的定位（性质、功能、社会责任）尚不够准确。那么，省级综合性博物馆应当具有什么样的定位呢？顾名思义，它需要承担起"省级"的责任，体现出"综合"的性质。

一方面，省级综合性博物馆是政府出于宣传政治、文化观念，体现国家文化政策、取向而重点扶持、保障发展的博物馆类型，它们理应成为支撑我国博物馆体系框架的中坚骨干；同时它们也是各省级政府为贯彻国家文化政策、满足自身文化发展所需，而直接实施财力、人力、物力资源投入的文化机构。它们享受着来自政府部门的、一般博物馆无法比拟的优势待遇，而这种优势的获得则是源自省级博物馆自身所要担负起的社会职责。

在西方博物馆的发展史中，博物馆的主要功能经历了以审美情趣为核心到以国家认同为核心的转变；从文艺复兴时期的艺术审美的殿堂转型为公众教育的平台，在现代社会中越来越多地成为观念的传播者，甚至是民族国家意识形态的承载者①。而作为一种政府文化行为的成果，省级博物馆所发挥的社会功能不应仅仅停留在成为本省自然遗产和文化遗产保护与展示中心的层面上，还应担负起时代赋予它的"叙述集体记忆、促进区域认同"的重要使命。但就展示现状来看，它所传递的信息量相对于其所承担的社会责任而言是不足且不对等的。

另一方面，"综合"的性质要求省级综合性博物馆要对本区域内的自然生态、历史文化、经济社会以及风土人情等进行全面的研究与展示，要能体现出博物馆对本省历史文化脉络演变的综合解读能力，并且还要从这种研究、展示和解读中突显出本地的特点和优势所在；而观众只需通过对其展览进行参观，便能够在较短时间内对该省情况有一个全面具体且简明扼要的了解。但就展览现状而言，目前大多数省级综合性博物馆都未能很好地完成这一任务，其收藏与展示大多以考古发掘品、传世文物等符合传统金石学收藏趣味的文化遗产为主，从而在"综合性"转向"专门性"（历史类）之后，又进一步出现了"艺术转向"② 的隐忧。

（二）关于常设展览的认识

该现状反映出，当前省级综合性博物馆对"常设展览"的认识（特点、任务）仍然有待提升。

《中国大百科全书 文物·博物馆》认为：博物馆陈列是指将文物、标本和辅助陈列品进行科学组合，以展示社会、自然历史和科学技术的发展过程和规律，或展示某一学科的知识，

① 燕海鸣. 博物馆与集体记忆：知识、认同、话语 ［J］. 中国博物馆，2013（3）：14-18.
② 宋向光. 历史类博物馆"艺术转向"的隐忧 ［N］. 中国文物报，2011-07-27（5）.

供群众观览的科学、艺术和技术的综合体；按时间长短，可将博物馆陈列分为基本陈列和临时陈列①。

王宏均先生在其主编的《中国博物馆学基础》一书中提出：我国博物馆大都有体现该馆性质和任务的主要陈列。这种陈列由比较稳定的主题、内容、展品（主要是馆藏文物标本）和较完美的艺术形式构成为陈列体系，我们通常称之为基本陈列②。

由上述两本中国博物馆学界的权威著作可知，目前业界对"基本陈列"（常设展览）的理解认知主要集中在三方面。一是，它能够反映某个博物馆的性质与任务；二是，它有稳定的藏品支撑和陈列体系；三是，它的持续时间很长（我国通常为十年左右，甚至更久），即常年面向公众开放。如果单从这三点来衡量现状，那么绝大多数的省级综合性博物馆都能轻松过关（当然就第一点而言，这里所谓的"过关"仅涉及有无"反映"的问题，暂且不论其"反映"的全面性与准确性）。

然而，随着时代的发展，再度审视常设展览的特点和任务，也许会得出一些新的理解与认识。

凯瑟琳·麦克莱恩认为：常设展览是提供博物馆经验的核心所在……必须由两个特殊的关注点来引导常设展览的发展。而其中之一就是，常设展览的主题必须在展览开放给民众的全部时间里都保持关联性，一项常设展览必须能测量出改变的趋势与流行议题的气候③。

---

① 中国大百科全书出版社编辑部，中国大百科全书总编辑委员会. 中国大百科全书：文物·博物馆 [M]. 北京：中国大百科全书出版社，1992：41.

② 王宏均. 中国博物馆学基础 [M]. 上海：上海古籍出版社，2001，12：246.

③ 凯瑟琳·麦克莱恩. 如何为民众规划博物馆的展览 [M]. 徐纯，译. 屏东：台湾海洋生物博物馆，2001：36.

贝切尔在讨论"常设展览"这个被大量使用的词汇时，曾说道："'永久'，指的是相对于'暂时'的长期……这两个词汇都是相对的。"①

雅妮·艾雷曼则建议重新定义这个惯用的被称作"常设展览"的词汇。她认为在博物馆中，常设展览被规划为核心概念结构、叙事线或论述的一部分，也许将它称为"核心展览"（core exhibition）会更为合适。

也就是说，在国外学者的眼中，常设展览的本质特点并不在于其开放时间的长久，也不在于其所具有的稳定的藏品支撑和陈列体系（这些只是表象而已）；而在于它所传达及沟通的能够反映博物馆性质与任务的核心概念、价值和知识；且这种核心概念、价值和知识还不能与公众生活完全脱节，不能对当前社会的重大现实议题不敏感。换言之，省级综合性博物馆的常设展览正在被期待能够帮助观众构建与主流文化保持一致的、长期的、有逻辑的社会记忆，而这种记忆关乎公众的今天与未来。若从这一角度来看，目前一部分常设展览并未能很好地完成这一任务。

（三）关于展示效果的把控

该现状反映出，省级综合性博物馆对展览传播效果的把控度依旧需要提高。

李文昌先生在对全国博物馆"十大精品陈列"进行反思时谈道："我们的展览普遍缺少震撼力，基本上没有能够引发观众行动的变化的展览，大多还是停留在知识的层面，能够做到让

---

① 帕特里克·博伊兰. 经营博物馆 [M]. 国际博物馆协会中国国家委员会，中国博物馆学会，译. 南京：译林出版社，2010：137.

观众产生思考的展览已经是好展览了。"① 李文儒先生则认为这涉及了我们对"十大精品"名实问题的不同理解，究竟"我们是要做一个展览或陈列的精品，还是一个精品的陈列和展览"②。他随后补充谈道："好展览是以物为中心表达一个好的主题、好的思想、好的知识、或很有趣的一个故事，而不由展品的等级来决定展览水平的高低。"③ 简而言之，他主张我们更需要"精品展"而非"展精品"，在策展阶段要注意走出展精品的认识误区。2016 年，郑奕在其发表的《如何讲好博物馆展览中的故事》一文中指出："策展时代"已经到来，观众不再满足于文物简单堆砌的展览，主题性、故事性的策展理念才有可能创造出难忘的观展体验，但据业内人士坦言，我国博物馆界时至今日仍然处于露"家底"的文物精品展阶段④。2018 年，严建强在发表的《"十二五"期间我国博物馆陈列展览概述》一文中则认为："十二五"期间展览的组织方式有所突破，以讲故事为特色的叙事型展览备受关注；但由于发展程度不高，许多主题性展览还流于形式，保有精品展的印记⑤。

从上述学者们的研究中，我们可以清晰地感受到，尽管博物馆界呼吁要举办具有思想性、深刻性与感染力的好展览，但现实状况却难以回应这一热切期待。究其原因在于，展览缺少

① 李文昌. 从"十大"看展览：第 9 届全国博物馆十大陈列展览精品评选笔记 [M] //北京博物馆学会. 策展：博物馆陈列够构建的多元化维度. 北京：中国书籍出版社，2012：64.

② 李文儒. 中国博物馆"十大精品陈列"的反思 [M] //北京博物馆学会. 策展：博物馆陈列够构建的多元化维度. 北京：中国书籍出版社，2012：3.

③ 同②。

④ 郑奕. 如何讲好博物馆展览中的故事 [J]. 国际博物馆（中文版），2016（1-2）：94-99.

⑤ 严建强. "十二五"期间我国博物馆陈列展览概述 [J]. 中国博物馆，2018（1）：75-84.

哲学逻辑，策展构思未能跟上学理发展变化的脚步，也未能与观众建立起亲切合理的联系，从而无法引起观众产生情感的共鸣。以省级综合性博物馆的历史展示为例，它们大多都未能与哲学很好地结合，从而将物件转换为历史；也大多停留在传播历史知识的层面，未能清晰地反映出学科的发展、学理的演变、揭示出某种历史观念，从而触动观众进行历史思辨；还未能很好地发挥出展览应有的社会教育功能，真正做到"古为今用"，从而激发观众的历史共鸣……总之，随着时间的不断推移，记忆会模糊淡去，观众在参观博物馆后能够真正留下深刻印象的往往不是文物本身，也不是讲解员告知的某个完整的历史故事，而是曾经激发人产生过思考的某种历史认知、某种价值观念（就好比听完故事后往往记下的不是故事本身，而是故事所反映的某一道理）；且这种认知、这种观念如果与观众的生活联系越是紧密、越富有启迪意义，则越是容易被记忆，毕竟我们学习历史是为了更好地生活，是为了当下与将来。

《韦伯英语综合大辞典》将陈列定义为"展示，并使眼睛或心智可以看见"。展览需要让"心智可以看见"，也许这便是我们与国外博物馆关于策展在认识上的差距所在。如何才能让展览达到这一高度，是一个值得深思的问题。

四、本章小结

目前，我国的31家省级综合性博物馆就常设展览而言，存在明显的类型选择偏向。这一问题具体表现为：历史文化类远远多于自然科技类，在数量上占据绝对主导地位；其中又以文物艺术类比重最大，接近总数的一半。造成这一现状的原因主要有三方面：首先，博物馆性质在不断演变，许多省级综合性博物馆在后期的发展过程中逐渐由综合性向专门性（历史类）转变；其次，各馆藏品构成趋于雷同，多以考古发掘品、传世文物等符合传统金石学收藏趣味的物件为主，收藏政策具有重经济艺术、轻社会人文的价值取向，这就导致历史类博物馆展览"艺术转向"的倾向越来越明显；最后，各馆的展陈设计对当时"样板模式"的学习与效仿也是造成现阶段展览同质化趋向的又一重要原因。

本章对现状的说明主要集中在省级综合性博物馆常设展览的构成类别方面，而未能深入历史文化类展览的具体策展中去。因此，下一章将分别围绕展览的选题、展示结构以及展陈方式三大方面，逐一对省级综合性博物馆常设展览的历史展示现状进行说明与评析。

第三章 省级综合性博物馆常设展览的历史展示的现状与分析

一、展览的选题

凯瑟琳·麦克莱恩在《如何为民众规划博物馆展览》一书中将展览的设计流程分为五个阶段，即可行性、初步设计、细部设计、制作规划以及制作（见图 3.1）。麦克莱恩同时提出，所有的展览都由概念延伸而来，而一个好的展示概念需要博物馆专门分出一些时间进行群策群力才能产生。

目前，我国博物馆展览作业的基本流程大致可以分为三大环节：内容设计、形式设计和施工制作。若将麦克莱恩的第一、二阶段粗略概括为"概念设计"① 的话，其在我国的实务工作中大致可以与内容设计中展览的"选题研究（包括主题设定）"相对应。如果再将展览的流程做出更为细致的划分，那么"概念设计"更为准确的位置则是置于传统的内容设计（主要是指陈列大

---

① 从流程图中可以看到，麦克莱恩的"概念设计"是与故事线的发展（展览的框架结构设置）同时进行的。虽然此处借用了这一概念，但笔者心目中的逻辑顺序是：先有概念设计，再有故事线的发展。

纲、内容脚本）之前的策划阶段。正所谓"展览未动、策划先行"，选题策划作为一种宏观的运筹和把握，虽是一种前瞻性的思维活动，但却应当被视为一项实实在在的工作程序。

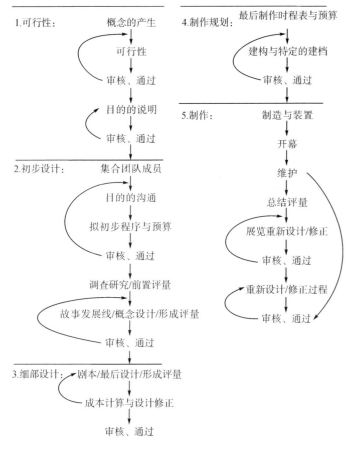

图 3.1　展览设计流程①

————————

①　凯瑟琳·麦克莱恩. 如何为民众规划博物馆展览 [M]. 徐纯，译. 屏东：台湾海洋生物博物馆，2001.

（一）展示的三种取向

关于如何选题，西方博物馆界曾提出过一个经典的思维范式——展览选题的物件取向与主题取向。

所谓"物件取向"，即以物件（objects）为思考原点，从现有藏品出发，由此确定展览的主题（theme）及次主题（sub-theme）。

所谓"主题取向"，即以策展人意图传播的概念或信息作为展示设计的思考原点，首先确定展览的主题及次主题，然后再来选择用以阐释的藏品和各类辅助展品（图片、复制品等）。

"物件取向"强调实物原件本身的价值，依赖物的自行表达直接传递给观众"物"的评价和意义，因此多为物件的原状展示，尽量避免其他人为的添加因素。"主题取向"则是将物件的内在问题意识寓意于展示，利用物件创造出一个明确的概念主题。换言之，"物件取向"采用的是"归纳法"的策展思维，而"主题取向"则坚持"演绎法"的设计理念。但需要注意的是，"物件取向"与"主题取向"并非截然分割对立，二者之间存在一个轻重取舍的变化关系。因此，也有学者将二者关系的模糊地带称为"综合取向"。

归根结底，一个展览是由物件来主导还是由主题来主导都要取决于策展人的办展意图和传播目的。图 3.2 中的对角线地带表现的是常见的展览形式，其靠近一方或另一方的相对位置决定了该展览的取向偏好。台湾博物馆学学者吕理政将此图视为一个衡量展示目的的评估工具，他注意到，当展览累积的资讯（信息）超过60%的幅度，则说明该展览已经达到了教育型展示的标准。

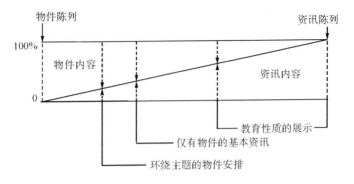

图 3.2 展览内容比例①

在展陈实践中，笼统而言，"物件取向"的展览以艺术类为代表；"主题取向"的展览则以科技类为典型；而历史文化类展览则多介于二者之间，属于综合取向。

本书是以省级综合性博物馆常设展览中的历史文化类展览作为研究对象，且在历史文化类展览这一个大类之中还可以进一步细分出不同的小类，如通史类、断代史类、文物艺术类、考古学类、民族学/民俗学类，以及其他类型，且每一个小类在选题取向上并不完全相同。因此，为了能够更好地揭示出它们的现状，本书将从宏观统计与微观个案两个方面来进行阐述。

就目前我国 31 家省级综合性博物馆常设展览中的 184 个历史文化类展览而言，在数量上占据绝对主导地位的展览类别是文物艺术类，共计 97 个；民族学、民俗学类展览数量次之，共计 28 个；通史类、断代史类、考古学类展览数量再次，分别有19 个、16 个、14 个；其他类型的展览数量垫底，总共 10 个。此处，本书拟在上述展览类别与由其选题中所折射出来的展示

---

① 大卫·迪恩. 展览复合体：博物馆的理论与实务 [M]. 萧翔鸿，译. 台北：艺术家出版社，2006.

取向之间建立起一种大致的对应关系，以便在相对宏观的层面上对目前的办展状况有所了解。

展示取向：物件取向——→综合取向——→主题取向。

展览类别：文物艺术类（97 个）、其他类型中的一部分（2 个）、考古学类（14 个）、民族学/民俗学类中的一部分（3 个）——→其他类型中的一部分（2 个）、通史类（19 个）、断代史类（7 个）、民族学/民俗学类中的一部分（15 个）——→断代史类（近代革命史，9 个）、其他类型中的另一部分（6 个）、民族学/民俗学类中的一部分（10 个）①。

就统计而言，我国省级综合性博物馆目前的状况是：在 184 个历史文化类常设展览中，采用"物件取向"展示方式的展览共有 116 个，采用"综合取向"的展览有 43 个，采用"主题取向"展览方式的展览有 25 个，由此可推算出其对应的比重，分别约为 63%、23.4% 和 13.6%②。也就是说，绝大多数博物馆仍然坚持"有什么就展什么"的策展理念，传统又谨慎。

---

① 在无法准确归类的 10 个其他类型的展览中，新疆维吾尔自治区博物馆的"逝者越千年——新疆古代干尸陈列"与南京博物院的"印象南京——民国老照片展 1912—1949"二展，其选题具有较为明显的物件取向；而甘肃省博物馆的"甘肃丝绸之路文明展"与海南省博物馆的"南溟泛舸——南海海洋文明陈列"二展，其选题应当归属综合取向范畴；至于天津博物馆的"智启津沽——严修与天津近代文化教育"、湖北省博物馆的"荆楚百年英杰"、重庆中国三峡博物馆/重庆博物馆的"壮丽三峡"与"重庆：城市之路"、山东博物馆的"万世师表展"以及青海省博物馆的"正气清风——廉政文化图片展"，从这六个展览的选题中可以感受到较为明显的主题取向。

② 同一类型的展览会因各馆的馆藏条件、传播目的等方面的不同而存在取向上的个体差异。由于此处的分类完全出于作者的主观认知，故所得数据仅供参考。

（二）相关案例

1. "物件取向"的展览

（1）单一器物门类。

其中，最常见的器物类别包括陶瓷、玉器、青铜器、书画，如"甘肃彩陶展""古代瓷器艺术精品展""辽代陶瓷展""瓷苑艺葩""土火之艺——馆藏历代陶瓷展览""瓷美如花——馆藏瓷器精品展""青蓝雅静——馆藏明清青花瓷器陈列""聚赏珍玉——中国古代玉器陈列""西藏博物馆藏元明清玉器精品展""山川精英""青铜分馆：吉金光华""丹淅吉金——中原楚国青铜艺术""燕地青铜艺术精品展""历代书画""大师笔下的广西——广西博物馆藏广西风物画展""苏天赐油画展""四川书画精品展""翰墨丹青""烟云尽态——'三希堂石渠宝笈法帖'展"等。

相对常见的器物还有佛教文物（造像、壁画、唐卡等）、石刻、钱币、碑志、雕塑、建筑、铜镜、砚台、玺印等，如"中国古代佛教造像艺术展""走近佛前""北朝壁画""妙相庄严——藏传佛教金铜造像艺术展""千年宝藏 盛世重光—北京古代佛塔文物展""妙境神韵——藏传佛教唐卡艺术展""中原古代石刻艺术""曲阳石雕""汉画像石艺术展""中国古代货币展""方圆世界""历代钱币""中国古代碑志展""汉代雕塑艺术""历代雕塑陈列""徽州古建筑""土木华章""中国古代铜镜展""镜影——天津博物馆藏古代铜镜展""紫石凝英——端砚艺术展览""砚拓——天津博物馆藏古砚与拓片展""中国历代玺印展"等。

此外，还有一些能够反映地域特色的器物，如"香中魁首——海南沉香陈列""漆木精华——潮州木雕艺术展览""精准与华美——南京博物院藏钟表精品展""逝者越千年——新疆古代干尸陈列""印象南京——民国老照片展 1912—1949"等。

（2）综合器物门类。

此类展览要么冠以捐赠者的姓名，如"叶星生民间珍藏捐赠展""景仁怀德——李初梨、刘钧捐献文物展""高罗佩私人收藏文物展"等；要么采用馆藏文物集锦的形式，如"耀世奇珍——馆藏文物精品陈列""古道遗珍""江淮撷珍""巧工遗珍——院藏明清珍宝展"等。此外，还可以采用专题（如地域专题、门类专题）的形式来展览，如"江河源文明——青海历史文物陈列展""草原华章""鲁王之宝——明朱檀墓出土文物精品展""大唐遗宝——何家村窖藏出土文物展""安徽文房四宝"等。

2."综合取向"的展览

（1）通史类展览。

这类展览包括"古都北京·历史文化篇""天津人文的由来""古代辽宁""福建古代文明之光""黑龙江历史文物陈列——以肃慎族系遗存为中心""白山松水的记忆——吉林省历史文化陈列""物华天宝 人杰地灵——江西古代历史文化展""方外封疆——海南历史陈列"等。

（2）断代史类展览（古代部分）。

这类展览包括"历史的见证——西藏地方与祖国关系史陈列""瓯骆遗粹——广西百越文化文物陈列""远古巴渝""慷慨悲歌——燕赵故事"等。

（3）民族学、民俗学类展览中的一部分。

这类展览包括"黑龙江俄侨文化文物展""十里红妆——宁绍婚俗中的红妆家具""草原天骄""多彩贵州·民族贵州"等。

（4）其他类型展览中的一部分。

这类展览包括"甘肃丝绸之路文明展""南溟泛舸——南海海洋文明陈列"等。

3. "主题取向"的展览

（1）断代史类展览（近现代部分）。

这类展览包括"抗日烽火——英雄河北""钱江潮——浙江现代革命历史陈列"等。

（2）民族学、民俗学类展览中的一部分。

这类展览包括"苍穹旋律""琼肴街——海南饮食文化陈列""江苏省非物质文化遗产展""京城旧事·老北京民俗展"等。

（3）其他类型展览中的一部分。

这类展览包括"智启津沽——严修与天津近代文化教育""荆楚百年英杰""壮丽三峡""万世师表展"等。

二、展示结构

当"概念设计"完成之后，策展人需要依据展览的传播目的和主题定位来确定展览的基本内容，在这一过程中，对展览结构的思考便成为重中之重。框架结构是陈列的"筋骨"，是"陈列语言"得以形成的基础，没有框架结构，展示内容就形不成体系，展品就无法有机组合，整个陈列就将永远停留在题材与资料阶段①。严建强认为，框架结构就像是我们在写一部著作前列的大纲一样，展览文本结构是实现展览目的的一个框架组织，表明我们将从哪些方面展开对展览主题的阐述以及在该框

---

① 周筠. 谈陈列的框架结构设计［M］//中国博物馆学会. 回顾与展望 中国博物馆发展百年：2005 年中国博物馆学会学术研讨会文集. 北京：紫禁城出版社，2005：387.

架中每一方面的意义、地位、层次以及它们互相之间的联系①。

在国外，人们将展览结构（scheme）多与"故事线"（story line）② 这个概念联系在一起，他们认为诠释性质的展览需要依靠一个故事来说明。不同于艺术品展览或者解释单一现象、原理的科技展览（上一个展项与下一个展项的概念可以没有关联而独立存在），话题性或主题性的展示需要故事线来提供各种概念间的关联。简而言之，作为诠释策略的故事线，其最大的作用在于为展览（或者说为观众）提供"秩序"，而秩序是展览实现其有效沟通的重要保障。如果策展人疏忽于故事线的规划设计，则其最终制作出的展览极有可能是混乱而不连接的，那么在参观完这样的展览之后，即便它有个性鲜明的主题，观众也可能会因各种凌乱的概念而思路不清，进而影响其最终的学习效果。

（一）展示的三种结构

通史类展览是最具"史学"性质的，也是最能反映省级综合性博物馆性质与任务的，同时还是耗费博物馆最多资源与心力的展览类别，所以此处仅就通史类展览来讨论展示结构的设计现状。

既然是展示通史，自然就得以历史学的理论背景来思考其

---

① 严建强. 博物馆的理论与实践 [M]. 杭州：浙江教育出版社，1998：230.

② 需要注意的是，在国外的展陈实践中，"故事线"贯穿展览始末，是一个由小到大、不断发展的概念。展览概念的起步形成了如何沟通信息的需求，也就是诠释的策略，这是故事线流程的起点。之后它将发展为各种不同的形式，包括一份叙事体文案（narrative document）、一个展览的大纲（outline of the exhibition）、一个故事脚本（storyboard）以及作为其补充文件的信息传达流程图（flow chart of information）。也就是说，我们常说的"展览结构"只是国外"故事线"概念当中的一个部分。

展览的结构设置。由于历史展示往往脱离不了时间轴的控制，故国外学者将其称为年代学的（chronologically）展示方式。在我国，受到传统史学的以王朝体系为经、以行政区划为纬的叙述模式的影响，通史类展览往往也会采取类似模式进行展示。一般而言，展览的结构由大到小依次可划分为：部分、单元、组别以及展项四个层次。本书尝试根据展览结构（尤其是针对第一层次的划分）对中国历史朝代阶段分期（习惯上将其分为史前、夏商周、秦汉、三国两晋南北朝、隋唐五代、宋元、明清七大阶段）的依赖程度，将现有的通史类展览由强到弱依次分为 A、B、C 三种类型。

其中，A 类是较为传统的通史陈列模式，以王朝更替作为其划分部分的第一依据，从史前至明清，基本不缺环。在一级标题的设置上，有的博物馆会直接写出历史时段，或在主标题中（如"夏商周时期"），或在副标题里（如"青铜礼乐 夷楚华章——夏商周时期的安徽"）；也有的博物馆会通过标题名称中的个别字眼来明示（如"大汉雄风""赫赫宗周"）或暗示（如用"文明摇篮"或"文明曙光"来暗指史前时期）该部分所对应的朝代。

A 类展览的设计范本与典型代表，当属国家博物馆的通史类展览——"古代中国"。该展严格按照王朝史纵向划分部分，再根据政治、经济、文化、社会生活、民族关系（中前期）及对外交流（中后期）横向设置单元。但与其相比，省级综合性博物馆基于对本地历史文化脉络发展的特殊性与本馆藏品实际支撑力度的考虑，在第一层次的结构划分上，虽然也以王朝更替作为策展的基本思路，但还是形成了各自不同的排列组合。有的博物馆会将历史时段划分得较为细密（如河南博物院就将其通史陈列划分为了八大时段：新石器时期、夏商时期、西周时期、东周时期、秦汉魏晋南北朝时期、隋唐时期、宋金元时期、明清时期）；有的则较为粗疏（如辽宁省博物馆就只将展览划分出了五大时段：史前时期、夏商周时期、战国至隋唐时期、辽金时期、元明清时期）；甚至还有博物馆会将好几段历史时期合并为一（如山东博物馆的"秦汉至明清"）。在第二层次的单元设置上，A 类展览虽也遵循政治、经济、文化、生活等方面的展示思路，但具体到每一时间段的阐释时，则往往难以全面展示。

B 类展览虽然也按时间的先后发展顺序排列布局，但这仅是划分部分的次要因素，其主要因素是出于对各部分核心概念的考虑，其代表性展览是山西博物院的通史陈列——"晋魂"。

山西是一个传统意义上的文物大省，源远流长的历史文化为其留下了丰厚的物质文化遗产。山西博物院自身馆藏实力雄厚，其常设展览所用文物展品共计 4 000 余件①，就数量而言，其已经处于我国同类型展览中的领先水平。但它没有选择通常的编年史格局或物质文明史陈列样式，而是采取了一种新的陈列体例，即在展示精美文物、发达灿烂的文明时，着力揭示文物背后的社会历史面貌与背景，形成一种新的集群式表现一个文化主题的体例。另外，在陈列内容结构上，不面面俱到地表现山西历史文化，而是撷取山西历史文化长河中 7 个闪光点或重点以 7 个独立专题的形式去突出表现，并以历史发展脉络贯通为一体，形成一种外断内连、散点透视反映山西灿烂历史文

---

① 虽说 4 000 余件是该馆通史类展览（共分 7 个专题）和文物艺术类展览（共分 5 个专题）合并在一起的展品总数，但与浙江博物院的通史类展览"越地长歌——浙江历史文化陈列"（A 类）所用的展品数（约 2 000 件/组）以及安徽博物院"安徽文明史陈列"（A 类）的文物展出总数（1 200 件套）相比，"晋魂"（B 类）之所以不采用传统的通史陈列模式应当不是出于藏品支撑力度的限制。

化的新的陈列风格①。换言之，"晋魂"的策展人在充分研究藏品资料、学术成果（包括考古材料研究、文献史料研究、物质文化研究、地域文化研究以及其他专项专题研究等）之后，归纳总结出了一些地方历史文化中的亮点特色，即尧舜禹的历史传说与华夏文明的重要发祥地，众多夏商遗存与方国文化，叔虞封唐、文公称霸及赵韩魏三家分晋，中原与北方、东方和西方各民族碰撞、交流与融合之所，佛教艺术的繁盛之地，中国戏曲艺术的故乡之一，明代晋商的崛起和清朝票号的诞生等。在此基础上，策展人又进一步提炼主题，并最终形成"文明摇篮""夏商踪迹""晋国霸业""民族熔炉""佛风遗韵""戏曲故乡"和"明清晋商"七个历史专题。它们看似独立，但实则都是对主题"'晋魂'是什么"的一种巧妙回答，形散而神聚，并以点带线地串联出了一条山西地区从远古至明清的历史发展脉络，同时还抓住了不同历史阶段最能反映当地文化特色的典型内容进行突出展示。总之，其"同一主题下，小专题并行"的结构设计方式，既有利于各专题本身在微观层面上的深度展示，又有利于从宏观角度理出主梗、剔除枝蔓，选点虽少却精，并最终给人以典型而全面、清晰而翔实的参观感受。

　　"晋魂"一展表明，虽然 B 类展览仍旧离不开时间轴，甚至无法全然摆脱王朝史的影响，但它的主题特性与问题指向比之 A 类展览，要来得更加准确、鲜明。需要指出的是，A、B 两类展览的界限随着博物馆界对"突出地域特色、打造展览重点亮点"观念的日益强调而越发模糊起来。例如，将安徽博物院的第五部分"中都基业 天下徽商——明清时期的安徽"（下设开国皇帝朱元璋、桐城文派、天下徽商三个单元）与山西博物院

<hr>

① 赵春贵. 铸魂：散评山西博物院大型陈列"晋魂"［N］. 中国文物报，2006-05-26（6）.

的第七部分"明清晋商"放在一起进行比较，前者谈商人是将其作为社会经济方面的突出特色而给予重点展示，它与政治方面的"朱元璋"和文化方面的"桐城文派"一道，以点连线、以线带面共同构成了安徽地区明清时期的历史文化面貌；而后者谈商人则是将其作为山西地区明清时期历史文化的唯一代表而进行独立的专题展示。这样一来，也许有人会产生这样的认识：随着策展人对历史完整（各时段）而全面（各方面）论述的逐步放弃，当以点连线、以线带面的展示手法从展示结构中的第二层次（单元）运用到第一层次（部分）的划分上时，A类也就成了B类。

如果说A、B两类展览在对王朝史的依赖上还存有较为亲密的过渡关系，那么C类则与它们迥然不同，其第一层次的结构划分完全放弃了王朝史的框架，甚至受时间轴的影响也较小。其代表性展览是湖南省博物馆的通史陈列"湖南人——三湘历史文化陈列"。

该展拉通了史前至近代，力图展示更长时段的区域历史发展进程，但该展组织全部展览信息的最高层级的逻辑主线却不再是王朝史，甚至都不是传统意义上的时间轴。在展示结构的第一层级上，该展采用了"并列"的创作思路，围绕"湖南人"这一陈列主题，从与其紧密相关的多个不同面向去逐一分别阐释。"湖南人——三湘历史文化陈列"一展共分为五大部分：第一部分"家园"，意在通过展示当地的自然环境与历史沿革，为其后所述故事提供一个特定的时空背景；第二部分"我从哪里来"则通过展示出土遗存、史料记载、民俗文物、DNA检测报告等资料来回应今日湖南人的来源问题；第三部分"洞庭鱼米乡"负责阐述湖南稻作农业的历史发展进程；第四部分"生活的足迹"则旨在呈现不同历史时期里不同阶层湖南人的日常生活片段；而最后一个部分"湘魂"，以人带史，试图通过对湖南人精神面貌的凸显以达到升华整个展览的目的。各大部分之间除了共享的地域（湖南省）与人物（古今湖南人）之外，内容上的关联实际相当微弱；而在各部分文本的内部（展示结构的第二层级），信息组织的逻辑则又重新回归到了传统的时间序列。

就 31 家省级综合性博物馆常设展览的现状而言，目前有 20 家博物馆举办了通史类展览（河南博物院的情况相当特殊，其通史陈列是由"泱泱华夏 择中建都"与"明清河南"两个断代史展览组合而成）。其中，A 类展览共 11 个、B 类展览共 8 个、C 类展览共 1 个。若从荣获"十大陈列展览精品"的角度去观察，则获得过奖项的 A 类展览有 4 个、B 类展览共 3 个、C 类展览共 1 个。也就是说，传统的 A 类展览仍是省级综合性博物馆举办通史类展览的主流选择，同时，从 A 类展览中发展出来的 B 类展览也颇受青睐。

（二）相关案例

1. A 类展览

（1）以辽宁省博物馆的"古代辽宁"为例，具体展示结构（分为部分、单元、组别三个层级）如下：

第一部分 史前时期（距今约 280 000 年—约 4 000 年）

第一单元 开拓洪荒 洞穴岁月

第一组 金牛山遗址

第二组 庙后山遗址

第三组 鸽子洞遗址

第四组 小孤山遗址

第二单元 走出蒙昧 文明曙光

第一组 氏族聚落

第二组 古国文明

（2）以浙江省博物馆的"越地长歌——浙江历史文化陈列"为例，具体展示结构如下：

第一部分 文明曙光——史前时期的浙江

第一单元 旧石器时代的浙江

第一组 100万年前的旧石器遗存

第二组 5万年前的"建德人"

第二单元 钱塘江南岸的新石器时代文化

第一组 跨湖桥文化

第二组 上山文化

第三组 河姆渡文化

第三单元 钱塘江北岸的新石器时代文化

第一组 马家浜文化

第二组 崧泽文化

第三组 良渚文化

第四组 钱山漾文化

第五组 马桥文化

第二部分 古越王国——先秦时期的浙江

第一单元 於越人

第一组 与水相伴

第二组 饭稻羹鱼

第三组 山野之声

第四组 尚玉之风

第五组 鸟龙（蛇）崇拜

第六组 土墩墓

第七组 印纹硬陶与原始瓷

第八组 融入越地的徐人

第二单元 越王国

第一组 越国的建立

第三单元 东南邹鲁

  第一组 精美的浙版书

  第二组 浙东学派

  第三组 中国戏曲的摇篮

  第四组 东南佛国

第五部分 繁庶两浙——明清时期的浙江

  第一单元 "浙江省"的诞生

    第一组 浙江承宣布政使司

    第二组 清代的"浙江省"

  第二单元 开拓更广阔的世界

    第一组 丝绸与市镇

    第二组 面对大海

    第三组 百工之乡

  第三单元 人文荟萃的文物之邦

    第一组 书院与藏书楼

    第二组 时代嬗变中的浙江人士

  第四单元 汹涌的海潮

    第一组 中英鸦片战争与中法镇海保卫战

    第二组 辛亥风云与浙江光复

2. B 类展览

（1）以黑龙江省博物馆的"黑龙江历史文物陈列——以肃慎族系遗存为中心"为例，具体展示结构（分为部分、单元两个层级）如下：

第一部分 北土先民（距今约 6 000 年—公元 907 年）

  第一单元 渔猎生活——新开流文化

  第二单元 古玉文化——小南山、亚布力遗址

  第三单元 楛矢石砮——孔子识肃慎

  第四单元 农耕生产——莺歌岭遗址

第五单元 城堡林立——滚兔岭文化

第六单元 覆穴而居——同仁文化

第二部分 海东盛国（公元698年—926年）

第一单元 五京之首——上京龙泉府

第二单元 统帅三军——渤海国的军事装备

第三单元 海曲华风——渤海人的社会生活

第四单元 沙门净土——渤海国的佛教

第三部分 金源霸业（公元926年—1234年）

第一单元 女真崛起

第二单元 帝国霸业

第三单元 金源文化

第四部分 华夏一统（公元1234年—1911年）

第一单元 元、明两朝对黑龙江的经营

第二单元 建州女真的崛起

第三单元 保卫边疆

第四单元 血脉绵延

（2）以山西博物院的"晋魂"为例，具体展示结构如下：

第一部分 文明摇篮

第一单元 远古圣火

第二单元 华夏直根

第二部分 夏商踪迹

第一单元 大夏之墟

第二单元 殷商重地

第三单元 方国遗珍

第三部分 晋国霸业

第一单元 河汾骄子

第二单元 晋霸春秋

第三单元 余烈三晋

第四部分 民族熔炉

　　第一单元 长城内外

　　第二单元 平城时代

　　第三单元 别都晋阳

　　第四单元 异域来风

第五部分 佛风遗韵

　　第一单元 北朝风貌

　　第二单元 盛唐气度

　　第三单元 人间情怀

第六部分 戏曲故乡

　　第一单元 百戏率舞 祀天娱人

　　第二单元 根植生活 教化天下

　　第三单元 生旦净丑 演绎人生

　　第四单元 镂影绘声 乡土风情

第七部分 明清晋商

　　第一单元 商履何匆匆

　　第二单元 金融执牛耳

　　第三单元 庭院深几许

　　（3）以安徽博物院的"安徽文明史陈列"为例，具体展示结构如下：

第一部分 人类遗存 涂山会盟——史前时期的安徽

　　第一单元 人类踪迹

　　第二单元 原始文化

第二部分 青铜礼乐 夷楚华章——夏商周时期的安徽

　　第一单元 青铜华彩

　　第二单元 诸侯方国

　　第三单元 楚辉照耀

　　第四单元 皖南吉金

第三部分 王侯风流 曹操雄略——汉魏晋时期的安徽

    第一单元 智慧之光

    第二单元 黄肠题凑

    第三单元 曹操家族

    第四单元 东吴大将

    第五单元 汉画像石

第四部分 河运通达 清名流芳——隋唐宋元时期的安徽

    第一单元 运河繁盛

    第二单元 陶瓷菁华

    第三单元 名臣包拯

    第四单元 精美的元代文物

第五部分 中都基业 天下徽商——明清时期的安徽

    第一单元 开国皇帝朱元璋

    第二单元 桐城文派

    第三单元 天下徽商

3. C 类展览

以湖南省博物馆的"湖南人——三湘历史文化陈列"为例，具体展示结构（分为部分、单元、组别三个层级）如下：

第一部分 家园

    第一单元 生态变迁

    第二单元 湖南历史沿革

第二部分 我从哪里来

    第一单元 先祖

    第二单元 早期族群

    第三单元 商人南下

    第四单元 楚人治湘

    第五单元 北人南迁

    第六单元 江西填湖广

第五组 巧梳弄美妆

第四单元 多元文化交流的社会风尚

第一组 饭稻耕鱼的衍变

第二组 安乡黄山刘弘墓

第三组 长沙金盆岭晋墓

第四组 长沙咸嘉湖唐墓

第五单元 重心南移后的品质生活（斗茶品酒）

第一组 花间一壶酒

第二组 竹下半碗茶

第三组 瓷俑话服饰

第四组 浓郁胡风

第五组 文风初盛

第六组 熏香燃灯·传情求子

第六单元 从宗族社会到近代化（聚族而居、洋风入乡）

第一组 水陆交通

第二组 邮电通讯

第三组 货币股票

第四组 新式服装

第五组 洋货

第六组 新式教育 报刊杂志

第五部分 湘魂

第一单元 优乐观的濡化

第二单元 书院教育的传承

第三单元 百折不挠的家国情怀

第一组 师夷长技以制夷

第二组 去留肝胆两昆仑

第三组 要将热血系乾坤

第四组 敢教日月换新天

三、展陈方式

（一）系统分类陈列法

系统分类陈列法是指将展品按照一定的规律和特征，分门别类地进行摆设的一种陈列手法。它可以针对一个博物馆内的所有展览进行分类，如上海博物馆就将其常设展览按照器物门类依次分为古代青铜馆、古代雕塑馆、古代陶瓷馆、古代玉器馆、中国历代玺印馆、中国历代书法馆、历代绘画馆、中国历代钱币馆以及明清家具馆。同时，它也可以仅针对一个展览本身，无论是依据时间轴纵向来划分，还是依据其他标准（如藏品质地、社会生活部类等）横向来划分。

案例1　河南博物院的"丹淅吉金——中原楚国青铜艺术"

（1）展览传播目的。

丹淅流域是楚文化滥觞之地，楚人在此留下了丰富的文化遗存。针对这批淅川东周楚墓出土的青铜器，策展人力图通过展示其富丽的纹饰与精湛的制作工艺，以此来体现楚文化独领风骚、彪炳千秋的魅力。

（2）具体展陈方式。

"丹淅吉金——中原楚国青铜艺术"一展依据器物自身的不同功能将展品分为食器、酒器、水器、乐器、兵器、车器、杂器。

其内容结构表现为：①食器——自羊徂牛，萧鼎及鼒；②酒器——为酒为醴，烝畀祖妣；③水器——盥帨于下，有盘有匜；④乐器——钟鼓锽锽，磬管锵锵；⑤兵、车器、杂器——干戈戚扬，爰方启行。

其形式外观则表现为：①重点文物用中心柜单独陈列，非重点文物用边柜或大通柜组合陈列；②背景板上交代其他相关信息，图文并茂，辅助观众理解。

案例2　安徽博物院的"安徽文房四宝"

（1）展览传播目的。

"文房四宝"，即纸、墨、笔、砚，是我国传统的书写用具。安徽是宣纸、徽墨、宣笔、歙砚的故乡，"四宝"俱全。经过千百年来的发展，"安徽文房四宝"逐渐演变为实用与观赏于一体的艺术品，其丰富的文化内涵和鲜明的时代特征成为中国传统文化的重要组成部分。策展人希望观者能从中领略古人的匠心独运与情思雅趣，感悟中华文化的博大精深。

（2）具体展陈方式。

"安徽文房四宝"一展以"四宝"——宣纸、徽墨、宣笔、歙砚为基本展示内容。其内容结构表现为：①"寿越千年——宣纸"；②"松烟不朽——徽墨"；③"治世之功——宣笔"；④"玉德恒久——歙砚"；⑤"文房清供——怡情雅趣"。

其展陈形式表现为：①根据展品性质、精美或重要程度单独或成组使用玻璃中心、大通柜、边柜等进行展示，其中陈列展品的展台既有常规展台，亦有根据展品属性进行选择的特殊展台，如案几；②图文背景板和展品信息名牌共同辅助观者对展品进行更全面的理解；③融入互动体验区，让观者更好地参与其中，也更加深刻地理解展品及其背后的文化内涵。

案例3　陕西历史博物馆的"陕西古代文明"（新陈列）

（1）展览传播目的。

"三秦大地"是中华民族繁衍生息、文明诞生及发展的重要地区之一，中国历史上最为辉煌的周、秦、汉、唐等十四个王朝曾在此建都。一部陕西历史文化发展史，堪称是中国古代史的缩影。"陕西古代文明"（新陈列）一展遵循"主题更加鲜明、体系更加完善、补充最新成果、提升表现方式、完善传播功能"的原则，力求帮助观者探寻民族文化基因，引发对中华优秀传统文化更为深刻的解读。

（2）具体展陈方式。

"陕西古代文明"（新陈列）一展的脉络基本遵循周秦汉唐的历史线索，其内容结构为：第一单元 文明摇篮——史前时期（约 163 万年前—公元前 21 世纪）；第二单元 赫赫宗周——周（约公元前 21 世纪—公元前 771 年）；第三单元 东方帝国——秦（公元前 770 年—公元前 207 年）；第四单元 大汉雄风——汉（公元前 202 年—公元 220 年）；第五单元 冲突融合——魏晋南北朝（公元 220 年—公元 581 年）；第六单元 盛唐气象——隋唐（公元 581 年—公元 907 年）；第七单元 文脉绵长——唐以后的陕西（公元 907 年—公元 1911 年）。

具体展陈方面，展览除了用形式多样的玻璃中心展柜、大通柜、边柜等陈列手段，还集合了大量辅助展品（雕塑、模型、场景）、多媒体（投影、动漫、互动体验游戏）等手段，串接起"一个厅一场大秀，一个板块多个互动"的视觉表现体系。此外，展览配合多种形式结构的文字信息板块，强化了参观者对展品的认知和理解。

（二）复原陈列法

复原陈列法是指设计者根据展览的主题、内容以及展品的性质特征来复原布置出展品的原生历史情境。同时，复原陈列法也指设计者将考古遗迹现场保留下来，直接将其改造为展示区域的陈列手法。

根据设计者所用道具与手段的不同，复原陈列法还可以进一步细分为成套文物组合复原法、文物与环境组合复原法、文物与模型组合复原法、文物与图像组合复原法等。其好处在于，它能再现历史现象或自然环境，让观众体验到一种身临其境的真实感。

案例1　浙江省博物院的"越地长歌——浙江历史文化陈列"

1. "史前干栏式建筑"展项

（1）展览传播目的。

该展项位于展览的第一部分"文明曙光——史前时期的浙江"的第二单元"钱塘江南岸的新石器时代文化"的第三组"河姆渡文化"。策展人试图向观众介绍史前浙江干栏式建筑的相关知识。

（2）具体展陈方式。

设计者采用了"文物（局部建筑构件）＋场景复原（模型与半景画）＋数字媒介（纪录片《河姆渡人：建造干栏式建筑》）"的组合陈列方式。它同时采用了"文物与模型组合复原法"与"文物与影像组合复原法"（见图3.3）。

图3.3　史前干栏式建筑

2. "宋代浙版书"展项

（1）展览传播目的。

该展项位于展览第四部分"东南翘楚——五代宋元时期的浙江"第三单元"东南邹鲁"的第一组"精美的浙版书"。策展人试图对宋代的精美浙版书进行呈现。

（2）具体展陈方式。

设计者采用了"文物（书）+场景复原（模型）+数字媒介（纪录片）"的组合陈列方式，即该展项采用了"文物与环境组合复原法"（见图3.4）。

图 3.4　宋代浙版书

3. "史前独木舟"展项与"明清铜火铳"展项

（1）展览传播目的。

该展项位于展览第一部分"文明曙光——史前时期的浙江"第二单元"钱塘江南岸的新石器时代文化"的第一组"跨湖桥文化"。策展人试图对史前时代的独木舟进行展示。

后一个展项位于展览第五部分"繁庶两浙——明清时期的浙江"的第四单元"汹涌的海潮"的第一组"中英鸦片战争与中法镇海保卫战"。策展人试图对明清时期的铜火铳进行展示。

（2）具体展陈方式。

二者都采用了"美术作品+文物"的组合方式，即运用了"文物与图像组合复原法"来进行信息传播（见图3.5、图3.6）。

图3.5　史前独木舟

图 3.6　明清铜火铳

案例 2　湖南省博物馆的"长沙马王堆汉墓陈列"

（1）展览传播目的。

该展项出自湖南省博物馆"长沙马王堆汉墓陈列"第二单元"生活与艺术"的第二组"君幸食"。该展项名为"案盘分餐"，它由正中间的漆案（案上陈列了耳杯、盘、卮）、邻近两侧的筷与勺、前排的耳杯以及最外侧的锺与钫共同组合而成。

（2）具体展陈方式。

策展人运用了成套文物组合复原法。

案例 3　湖南省博物馆的"湖南人——三湘历史文化陈列"

（1）展览传播目的。

策展人对盘匜进行组合陈列，以体现古礼中的"奉匜沃盥"。

（2）具体展陈方式。

策展人运用了成套文物组合复原法。其具体设计思路为：首先，用空间位置暗示器物间的相互关系，即盘匜邻近且匜高盘低；其次，通过背景示意图来复原器物当时的使用情景；最后，用说明牌对二者进行简短文字介绍（盘、匜，古代盥洗器）。此外，该展项还在盘匜的传统组合陈列之中添加了对"巾"的展示，并在其后的展板上引述了一段《礼记》中的相关记载——"进盥，少者奉盘，长者奉水，请沃盥，盥卒授巾"。

案例4　贵州博物馆的"多彩贵州·民族贵州"

（1）展览传播目的。

该展项"土木风华"位于第一部分"共同家园"的第二单元。整个单元大量运用了复原陈列法，将贵州各族人民善于利用环境、融入环境建设村落的特点呈现给观众。

（2）具体展陈方式。

设计者采用了"文物（局部建筑构件）+场景复原（原比例模型）+组合布局"的组合陈列方式。通过将多种特色建筑原比例复原并进行巧妙的空间排布，设计者将贵州的多民族特色在一个空间进行展示，以各具特色的村落体现出风姿万千的乡土建筑，凸显出贵州青山绿水间各民族共同家园和睦相处的场景，更彰显着人地和谐的理念。

（三）景观陈列法

景观陈列法是指设计者选取某一历史现象的场面或某一自然生态的场景加以仿制，让其生动地再现于博物馆展厅之中的一种陈列手法。它通常会利用声、光、影像等多媒体技术手段，具有强烈的艺术感染力。

景观陈列法与复原陈列法的主要区别在于，后者的仿制、模拟工作需要完全按照展品的原生环境来进行；而前者则只要选择具有代表性的典型环境、形象加以概括应用即可。

案例1　黑龙江省博物馆的"黑龙江历史文物陈列——以肃慎族系遗存为中心"

（1）展项传播目的。

该展项位于展览第一部分"北土先民（距今约6 000年——

公元 907 年）"的第一单元"渔猎生活——新开流文化"。它力图展现新开流文化时期（黑龙江省新石器时代的一种考古学文化）肃慎先民们的渔猎经济。

（2）具体展陈方式。

设计者在展厅的一角进行了场景复原，用"洞穴场景+人物雕塑+模型道具+半景画"的方式，展现了肃慎先民们在黑龙江流域的茂密山林中繁衍生息的景象，并以此象征黑龙江古代文明序幕的揭开。

案例2　黑龙江省博物馆的"黑龙江俄侨文化文物展"

（1）展览传播目的。

该展项位于展览的第八单元"日常生活"。策展人希望将哈尔滨俄侨日常生活更加生动地展现出来，让观者感受其与内地不同的特色风韵以及当年俄侨的日常生活遗风。

（2）具体展陈方式。

设计者采用了增强现实与虚拟现实技术，真实场景复原（客厅、餐厅、卧室等生活空间布置+俄侨蜡像人偶）与虚拟场景展示（演员表演动态视频播放）有机融合，既拓宽了展陈范围，又增强了观者的感官体验和情感互动。

案例3　浙江省博物馆的"越地长歌——浙江历史文化陈列"

（1）展览传播目的。

该展项名为"面对大海"，位于展览第五部分"繁庶两浙——明清时期的浙江"的第二单元"开拓更广阔的世界"的第二组。策展人试图展现明清时期浙江沿海一带的人们大兴制船、从事远洋贸易的历史事实。

（2）具体展陈方式。

该展项采用了"模型+背景画"的方法，该展项中没有文物原件（见图 3.7）。

图 3.7 "面潮大海"展项

案例 4　海南省博物馆的"仙凡之间——海南风情陈列"

（1）展览传播目的。

该展项分别位于展览的前言、第一部分"北部湾情"和第三部分"五指山风"。策展人力求将千百年来在海岛形成的丰富多元的民族文化呈现给观者，着力表现汉族、黎族、苗族、回族等各民族的文化特色以及在热带海岛摇篮中的汇集、融合与发展。

（2）具体展陈方式。

设计者分别采用了原生场景复原（局部劳作生活场景+半景画）与个体人物劳作动态复原（蜡像+模型道具）的形式，展现了各民族的质朴、深沉、精明与实干。

案例 5　福建博物院的"福建古代文明之光"

（1）展览传播目的。

该展项"曾经的家园"位于第一部分"山海家园 闽之先民"，策展人希望通过该场景呈现三十万年前福建的古人类生活图景，追索古人依托福建的山海资源，开拓福建古代文明的光辉足迹。

（2）具体展陈方式。

设计者在展厅的一角进行了景观陈列，用"洞穴场景+人物雕塑+模型道具+半景画"的方式，以原始先民生活的洞穴内部为观众的视点基础，远眺东海。策展人结合考古发现的动物骨骼类型、先民的生产工具，颇具新颖视角地呈现了距今三十万年前的福建先民靠山临海，与剑齿象、大熊猫、犀牛等动物共存，筚路蓝缕的文明之初场景。

（四）对比陈列法

对比陈列法是指利用对比思维进行展品摆设的手法。

案例1　首都博物馆的"古都北京·历史文化篇"

（1）展览传播目的。

该展项位于展览的结语部分。策展人试图向观众传递这样一层意涵，即北京从古至今都是一座开放、包容的城市，这一特质决定了北京的历史，更预示着北京的未来。

（2）具体展陈方式。

策展人采用对比思维，将"世界文明概览"部分作为解读"北京历史文化"的辅助陈列。在形式上采用"内外圈"展区相结合的方法，将"北京历史文化"（内圈——展柜）与"世界文明概览"（外圈——展厅四壁）位于展线的两侧作平行展示，用图片与文字为观众理解北京的历史发展进程提供一个以世界为范围的广阔背景。

（五）集中陈列法

集中陈列法是指设计者对某些成套的物品或体积较小的物品进行聚集式陈列的手法。集中陈列有利于观众对展品形成一个整体印象。

案例1　湖南省博物馆的"长沙马王堆汉墓陈列"

（1）展览传播目的。

该展项位于展览第一单元"惊世发掘"的第六部分。策展人希望将出土的随葬"冠人"俑及作为家史和奴婢替身的木俑集中陈列，以显示轪侯家奴仆众多且等级和分工多样的现实情况。

（2）具体展陈方式。

设计者采用了在玻璃大通柜中将"冠人"俑居中抬高、伺俑在"冠人"俑周围分列两排进行展示，并在背景板上配合展出木俑出土时的照片，清楚交代了展品的原貌。该陈列结构还明确展现了作为管家的"冠人"俑与普通奴仆之间的身份等级关系。

案例2　浙江省博物馆的"越地长歌——浙江历史文化陈列"

（1）展览传播目的。

该展项位于展览第五部分"繁庶两浙——明清时期的浙江"的第四单元"汹涌的海潮"的第一组。策展人意图展示清代的八旗盔甲。

（2）具体展陈方式。

设计者将不同旗人的盔甲集中陈列，并以背景画的方式描绘古人的战斗场面，如图3.8所示。

图3.8　"八旗盔甲"展项

案例 3　陕西历史博物馆的"陕西古代文明"

（1）展览传播目的。

该展项位于第一部分的第三单元"东方帝国"，策展人希望通过该场景呈现出以兵马俑为代表的秦代文物和军事强国的特征，从而凸显秦人的壮阔雄心与军事实力。

（2）具体展陈方式。

设计者利用了有限数量的兵马俑文物进行场景复原，列以军阵形式，并在其背景上采用背光图版的形式展示出秦始皇陵兵马俑 1 号坑的军阵场景，形成"文物组合+背景画"的方式。利用背光图板在视觉上的光线冲击产生集中阵列的气势感，使观众处于视觉上的军阵正前方并与之形成对立关系，在文物数量有限的情况下，生动、强势地凸显了秦人军队的军事特征与颇具肃杀感的开拓进取精神。

（六）连续式陈列法

连续式陈列法是指，设计者将多个场景紧密串联在一起的陈列手法，即以场景续接场景的方式带给观众一气呵成的整体感。

案例 1　南京博物院：民国馆

（1）展览传播目的。

策展人意图向公众展示民国时期社会中上阶层生活状况的繁华景象。

（2）具体展陈方式。

设计者以街景展示的形式浓缩了历史，重点以物为主，通过建筑场景的真实还原，辅以声、光、电等先进技术进行模拟再现，营造历史的氛围。同时将传统作坊、现代公众服务机构以实体店的形式融与其中，进行互动参与（见图 3.9、图 3.10、图 3.11、图 3.12）。

图 3.9　民国馆场景一

图 3.10　民国馆场景二

图 3.11　民国馆场景三

图 3.12　民国馆场景四

案例 2　海南博物馆的"琼肴街——海南饮食文化陈列"

（1）展览传播目的。

策展人试图对海南的饮食文化进行介绍，尤其是当地的菜系与小吃。

（2）具体展陈方式。

展厅仿照部分"骑楼老街"原貌作为琼岛美食文化的展示载体，精选海南与众不同的各色饮食，将其聚于一街进行展示。展厅还有传统美食制作人现场制作美食，参观者不仅可以观看展览，还可以品尝美食。

四、现状评析

1. 选题方面

若以国外学者所提出的"概念设计"为参照，那么，目前31 家省级综合性博物馆历史文化类展览的选题有概念者多、有设计者少。这就是说，一大部分博物馆所选的概念都停留在了相对具象或者过分宏观的层面上，比如××（物质）艺术精品、×××文明、×××历史文化，而没有将其进一步从现象到本质，抽象升华成为一个能够贯穿全展且具有鲜明个性的展览主题①（注

---

①　宋向光先生曾总结我国博物馆学界对历史博物馆陈列主题的不同定义，认为大致可以分为以下三种理解：第一，"内容抽象说"认为陈列主题是对陈列内容最准确的概括，是对所有文物、标本最本质的认识；第二，"中心思想说"认为它是陈列这一综合的形象体系所表现出的中心思想，是用实物的或博物馆的手段所表达、所揭示的主题；第三，"题材定位说"认为它是陈列题材展示的最佳角度和最佳切入点，由于定位不同，陈列所表达的主题思想就不同。宋先生本人倾向于第二种说法，认为陈列主题是内容设计人员智力活动和创造能力的体现，是对陈列中的事实和知识更为深刻的哲理层面的思考和认识，是复杂的认识复合体，包含着观念、信念、价值、态度和审美等思维活动。笔者对此持类似看法，认为陈列主题应该是一种观念和精神层面的存在，相对于主题（theme）及次主题（subtheme）在每个展览中的普遍存在，核心思想（core concept）却并非所有展览都能成功凝练，平铺直叙、就事论事的展览为数不少。参考文献：宋向光. 历史博物馆陈列主题的内涵与解读 [J]. 中国博物馆，2006（2）：62-70.

意：这里所说的"主题"并非是上文所说的"theme"，而更加接近于"core concept"这个概念）。展览主题的重要性不言而喻，它既是对策展目的的高度体现，又是对展览内容和表现样态的原则指导。作为全展的灵魂，主题提炼得越充分、越精准，则该展的立意就越高，思想性和教育性也越强。换言之，在初始的策划阶段，博物馆对所选概念（后期将发展成为展览主题）的精心设计势必关乎最终展示效果的思想水平，被设计的概念会成为展览能否有创意的决定性因素之一。

另外，站在观众的参观角度来看，一个完整的省级综合性博物馆的常设展览所展现给他们的信息量无疑是丰富而巨大的，展品（展品组合）之间相对独立的展示方式让观众感知到的是许多分散的信息点，加之大多数观众本身极可能欠缺相关背景知识，在不依靠专业解说的情况下就更难将这些分散的点连接起来，进而帮助自己理解信息并形成记忆。因此，当我们在对观众进行观后感调查时不难发现，许多人随着展线的不断拉长，往往会出现看了后面、忘了前面，最终对全展也没什么认知了解的情况。改变这一状况，一个较为可行的方法是，在展览之初就呈现给观众一个清晰鲜明的个性主题，采用类似预先设问的方式，试图让观众在接下来的参观过程中围绕主题寻求答案，每一个分散的信息点都可以被看作对主题的或强或弱的回应。简而言之，观众注意力的把控与展览主题的设定密切相关，问题意识的植入可以引发观众的自我思考，而主动的思考探索又会影响到其理解与记忆的最终成效。

2. 展示结构方面

依照传统的王朝史来规划整体结构的 A 类通史展仍旧是绝对主流。其次是 A 类展览的变体 B 类展览。与此完全不同的 C 类展览仅有一家博物馆在尝试。其实，真正重要的不是反映在结构划分上的一种外在形式，而是内容设计者安排结构的内在思维方式。

克罗齐曾经主张："历史"与"编年史"应被区别对待，编年史是灵魂出壳后的历史，是历史的死尸；二者的根本差别不在于写作方式的不同，而在于它们隶属于两种截然不同的精神态度，若转变态度，则二者可以相互过渡。其所谓"截然不同的精神态度"，即指所书写的历史有无面向生活中的实际问题，有无具备对当下的指导意义。

沃尔什认为，编年史与历史的分界线在于：前者是对过去事件准确而单纯的"朴直叙述"（plain narrative），而后者是包含了对所发生事件解释的"有意义的叙述"（significant narrative）。那么，什么是有"意义"？在我们的日常语境中，"意义"一般能与"意思""含意"或"价值""目的"等词语相互替换，比如"句子的意义"或是"生命的意义"。换言之，"意义"一词涉及了认知与价值两个层面，且二者还共同拥有一个隐性的前提——理解，即关于历史的叙述之所以能够"有意义"，就在于它不仅能够明白地告诉我们过去发生了什么（果），更重要的是它还可以明白地告诉我们为什么会发生（因）。

结合上述理念来看通史类展览，我们不难发现，也许一个理想的策展顺序，不是首先确定这个通史需要包括哪些历史时期；然后再根据馆藏条件确定每一时期的政治、经济、文化等方面有哪些内容可讲；接着再为这些内容总结出一些相对合适、能够起统领作用的小主题（其中，略有深度的主题归纳能够抓住事物的实质，反映出这部分藏品的时代特征，如"藏礼于器""走向世俗"等；略为浅显的则直接注明此处所展为某类器物的精品荟萃，如"青铜华彩""陶瓷菁华"等）。一个理想的策展顺序应该是先结合某些当代社会发展中的现象，发现总结出一些有价值、有特色的问题，且这些问题又是能够通过对本地区历史的回顾而得到解释说明的（展览不一定能够提供现成答案，但却可以给予历史线索、诱发观众自主思考）；然后根据问题，选择核心概念、确定展览主题（采用设问的方式）；接着再围绕主题挑选内容，并根据广义的历史因果逻辑（不一定是直接、必然的导致，但一定存在间接影响的因子）搭建结构，将各种零散的概念、内容组织成为一种有意义的叙述。

至于此类历史展示之所以无法全然摆脱中国王朝史的影响，其根本原因就在于，因果逻辑本身暗含有时间上的前后继起关系。但同时需要注意的是，因果逻辑一定是因在前、果在后的继起关系，但是一前一后的时间继起却不一定有因果逻辑（这里所谓的前后关系是针对事情的发生顺序，而非展览的叙述顺序，虽然很少有展览采用倒叙的表现手法）。海德格尔认为，历史性是植根于时间性中的①，他强调过去、现在、将来三者在时间上的相互依存关系，即一切的过去从时间上说都是曾经的现在，所谓"历史的现在"（historical present），而"现在"成为"过去"是在"将来"（海德格尔语）中发生的，从而历史乃是"现在的过去"（past of present）②。言下之意是，历史作为一种存在，它并不是关于过去的、固定不变的某一点或某一段，而是处于"过去"与"现在"的联系之间。换言之，历史是一种非实体的、关系性的存在，具有像因果一样的关系性的品格。那么，对于博物馆的历史展示而言，在展览主线上对广义因果关系的揭示就应当成为策展人在设计内容结构时需要认真考虑

① 海德格尔. 存在与时间 [M]. 陈嘉映，王节庆，译. 熊伟，校. 北京：三联书店，1987：442.

② 阿瑟·丹图. 叙述与认识 [M]. 周建漳，译. 上海：上海译文出版社，2007：3.

的问题。

历史事实具有"不在场"的本质，历史记忆具有筛选与重构的特性。由此可知，即便是所谓的"通史"，其实也不过是一些局部历史的并置，它当中的空缺要远远多于人们所知道的历史事实。因此，单纯的"为通而通"，其实大可不必。此外，目前仍有一些通史类展览，先不论其藏品的支撑力度（次要原因），单看其设置的结构布局，哪怕它已经尽己所能地表现得完整（各个历史时段不缺环）而全面（政治、经济、文化各方面不漏谈），却仍然让人难以从中把握住历史进程中的一些实质关联，给人以一种历史的"断裂感"。这种断裂感包括两方面：一是各部分之间，即各个历史时段之间的断裂；二是展览与观众之间，即古今之间的断裂。究其原因，这种断裂也许在于策展人对何为通史展示的"完整性"拥有自己不同的理解。究竟是应该坚持时间（朝代）上的连续、不间断，还是应该追求因果逻辑上的前后连贯？而前者的完整并不能保证后者的连贯，但后者的连贯却事关观众的理解与观感。在现有的能够关注到这一点的通史类展览中，如何揭示历史隐藏的因果，其普遍手法是依赖微观层面的文字解说，而较少依靠宏观层面的结构设置。

3. 展陈方式方面

在六种设计方式中，前三种展陈方式最为常见。其中，第一种"系统分类陈列法"多作用于展览整体内容结构的规划，而后两种（复原陈列与景观陈列）多用于局部的某一展项。在省级综合性博物馆的历史文化类展览里，原状陈列与场景复原（景观陈列与一部分的复原陈列）是两种最平常的展示手法，这一点很有代表性。有学者就曾观察到：近十年来，国有博物馆日趋兴盛的同时也带有因发展急促而造成的简单粗放特征，其一大表现就在于博物馆展览视觉叙事模式的同质化倾向，如场景复原类的历史展示屡见不鲜①。与此同时，也有学者发现："策展时代"已经到来，观众不再满足于文物简单堆砌的展览，主题性、故事性的策展理念才有可能创造出难忘的观展体验，但据业内人士坦言，我国博物馆界至今仍处于露"家底"的文物精品展阶段②。上述两则观察具有代表性，它们共同说明：历史文化类展览的展示手段目前已显现出一种同质化的倾向。

五、本章小结

根据本书的调查统计，我国的 31 家省级综合性博物馆的常设展览存有明显的选题偏向，即物件取向的展览要远远多于综合取向与主题取向，且在数量上占据绝对主导地位。绝大多数博物馆仍然坚持"有什么就展什么"的策展理念，稳健又保守。就历史文化类展览中的重头戏——通史类展览来看，虽然其最能反映出一个省级综合性博物馆应有的性质与任务，但在 31 家省级综合性博物馆中，只有 20 家博物馆拥有此类展览。与此同时，就其展示结构而言，传统的、依据王朝史框架来进行分类的策展逻辑仍然占据绝对主流；而王朝史框架虽不必然，但却容易给观众造成历史的"断裂感"。最后，以原状陈列与场景复原为主要展示手法的历史文化类展览，在视觉呈现上同质化的倾向也越来越明显。

本章对现状的说明集中在省级综合性博物馆常设展览历史展示的三个方面——展览的选题、展示结构、展陈方式。其揭

---

① 殷曼楟. 从见证之物到形象：论国有博物馆体制叙事立场的转变 [J]. 学术界，2015（12）：52-60，325.

② 郑奕. 如何讲好博物馆故事 [J]. 国际博物馆，2016（1-2）：94-99.

示出来的现象引人深思，如何在避免策展同质化倾向的同时又能更好地实现省级综合性博物馆应有的责任与使命？对此一问，也许我们需要回到原点去思考，即回到对博物馆历史展示核心问题的追寻上去。因此，下一章将围绕博物馆与记忆、博物馆与认同、博物馆与历史的关系做阐释与说明。

第四章　博物馆的历史展示

　　博物馆通常被视为处理"过去"的权威，通过对物件、信息的选择与研究，对不同展示方式与教育活动的采用，力图向观众再现其心目中的"过去"形象。而对这个已经发生、已经逝去且和现在相隔极大时空距离的"过去"，尽管博物馆极力想使它恢复得既客观又真实，但这样的努力至多成为一种自圆其说的论述，而非一种必然性的解读。换言之，博物馆所展示的历史只是其"创造"或"制作"出来的"过去"。那么，在博物馆"创造"或"制作"历史的过程中，又当坚持何种展示理念，以期实现何种展示目的呢？本章将分别从博物馆与记忆和博物馆与认同、历史展示的核心问题以及历史展示的个案分析几个方面依次对此展开论述。

一、历史展示中的"记忆"与"认同"

（一）何谓"记忆"，何谓"认同"

　　记忆是人类的一种心智活动。对记忆的研究始于心理学领域，代表研究成果有埃宾豪斯 1885 年发表的《论记忆》。但心理学的研究对象仅限于个体记忆，其主要目的在于探讨人类的认知能力。

随后，社会学与历史学参与到记忆的研究中来。法国学者莫里斯·哈布瓦赫被学界公认为是集体记忆研究的鼻祖，他于1925年出版了《论集体记忆》一书，首次将记忆这个概念赋予了社会学的内涵。哈布瓦赫在书中强调了记忆的社会性，认为尽管任何记忆最后都要诉诸个体，但并不存在脱离集体的纯粹意义上的个体记忆，人类的个体记忆都是在集体的互动中塑造而成的，都是集体意识和价值的投射，带有一定的强制性。此外，他还专门探讨了集体记忆中的历史记忆，主张把记忆与史实区别对待，并指出"过去"并非客观实在，而是一种社会性的构建，其原因在于历史记忆具有选择性的特点和被附加的现实意义。这就是说，哈布瓦赫认为历史记忆虽然源自过去的历史事实，但却总是和现在息息相关，只有当过去发生的事情对现在有意义，历史记忆才会出现。换言之，历史记忆是经过筛选的记忆，而其选择的标准就在于过去之于当下的意义。哈布瓦赫之后，学界进一步将"记忆"与国家权力、社会建构、历史想象、族群认同等问题相联系，于是演变出了"社会记忆"（social memory）一词，其相关研究着力探讨国家权力机构和主流话语对社会公众集体记忆的塑造作用。

20世纪80年代，法国历史学家皮埃尔·诺拉重新审视记忆与历史的关系，提出了"记忆之场"（sites of memory）的概念。何谓"记忆之场"？它由"记忆"与"场所"两个关键词构成，而这二者也正是建构历史叙事的重要元素。诺拉首先恢复了莫里斯·哈布瓦赫于20世纪20年代提出的关于"记忆"具有社会和集体属性的重要观点，将记忆与历史二者区别对待；接着，诺拉又赋予了"场所"（原指事件的发生地）一词一层重构色彩。诺拉认为，记忆场所既可以是自然的，又可以是人为的；既可以是被感知的具体经验对象，又可以是抽象的创作。过去虽已不在，但过去留下的痕迹却无处不在，而"记忆之场"就是承载这些残留痕迹的场域，它可以是档案、辞书、三色旗，也可以是图书馆、博物馆、先贤祠、凯旋门以及巴黎公社墙，还可以是各种纪念仪式与节日。简而言之，"记忆之场"并没有具体的所指对象，而是一个可被用于广泛指称的象征符号，是人们唤起记忆、寻找过去的一个切入点。而诺拉围绕"记忆之场"的写作实践对历史研究的一大启示在于，除了档案等第一手史料之外，小说、歌曲、图片、建筑物等都可被纳入历史学的研究对象范畴，成为历史学家们进行文本话语分析的重要潜在资料①。

此外，"复数的法兰西"也成为一种新的史学认识论。它不再将民族视为一个统一的延续整体，而是主动寻求断裂，将过去视作"他者"，并主张对记忆进行多元叙事。诺拉指出：国家通过历史来表达自我；在一个拥有绵长历史和深厚传统的国度里，历史背负着指导和教化民族意识的重要职责，因为民族认同需要通过对历史的书写来获取合法性；而这种书写具有自上而下、有秩序、分层级的特征，它指向一种官方拟定的"单一解释原则"，这就形成了记忆的暴政，它在忽视普通人个体记忆的同时，也一并限制了后人想象过去的方式与能力。因此，诺拉主张：记忆研究要超越民族和国家的单一历史叙事，要认真对待官方历史记忆与平凡个体记忆之间的差异性问题，要呈现出多样性的叙述维度，甚至要将"反法兰西"的记忆也一并纳入"复数的法兰西"。

令人诧异的是，"记忆之场"最终的叙事效果与诺拉最初的

---

① 虽然皮埃尔·诺拉在其书中并没有明确言及历史学的"语言学转向"问题，但我们回顾20世纪80年代国际史学的动向可知，当时的"语言学转向"（linguistic turn）思潮已对史料至上的实证主义史学发起了挑战，它要求其在追求历史真实性的同时，回答文本（文字、图像、声音等）是如何被建构起来的问题。毕竟，历史学的实质是对过去进行表征与再表征。

写作目的背道而驰。诺拉的本意是想讨论在神圣的民族叙事框架之外，我们还可以如何去书写历史，并回答法国人的身份认同到底从何而来的问题。其写作策略是通过拆解一系列民族认同象征物（如法国大革命、歌曲《马赛曲》、环法自行车赛、文学名著《追忆似水年华》等），为其注入多样性、差异性和复杂性的特征，以此实现超越以往法兰西宏大历史叙事的目的。然而，就最终的书写效果来看，诺拉无意间却以碎片化的各类象征物为媒介，重构出了一部整体的法国史，并建构起了一个抽象的法兰西共同体。但无论结局如何，当"记忆之场"的概念从历史学领域流入博物馆领域，记忆就成为一种话语建构的叙事，场所（博物馆）就成为各类话语争夺的空间，而展览则成为一整套暗含观念植入的话语体系，它通过对零散历史文化信息的搜集、筛选，以一种特定的逻辑加以组织、叙述，并最终呈现在观众面前以达成塑造集体认同的目的。简而言之，"记忆之场"的概念强调场所构建记忆的策略与机制，而非记忆的内容本身。诺拉提出，"记忆之场"呈现和表达的记忆缺乏独立性，只能作为一种话语建构的叙事而存在，且博物馆便是最为典型的"记忆之场"之一。

20世纪90年代，在文化学和历史人类学的框架下，记忆的概念再度升华，被称为"文化记忆"（daskulturelle gedchtnis）。有关文化记忆的研究在德国蓬勃展开，其目的在于论证集体现状的合理性，从而巩固集体主体的同一性。代表人物之一的德国学者扬·阿斯曼认为，人类历史就是人类对自己过往的"文化记忆"，其目的在于使人类精神层面的内心与社会化的中间世界能够稳定与持续；而要求稳定化的愿望在围绕着人类的物质世界中显现为追求形式的意志；但物质世界的形式并不是一直被创造，而是存在于传统之中；考古学、艺术、音乐、文学都可被理解为物质世界的形式，人类依靠这些形式来把握世界。

换言之，对"文化记忆"的研究需要依托各类物质载体，而博物馆同样是其绝佳的载体之一。

至于认同，它是英语"identity"的中文翻译，在英语中具有三大含义：身份、特性、认同。宋向光先生认为这三个含义是紧密联系在一起的：①"身份"是一个人所归属群体的共性要素的个性表达；②"特性"则是这一特定群体所有成员共有的，且相异于其他群体的要素表达，或者说被归属于这一特定群体的人必须具备的要素，群体成员可以依据构成特性的全部要素或其中几项，将自己归属于这一群体；③"认同"是个人对自我社会身份的认知，与特定社会群体的关系及归属感，是当代社会发展重要的心理保障①。随着全球化时代的来临，货物、信息、人员等的跨地域流动日益频繁，生活环境的剧烈变化不免让人们产生各种困惑与焦虑，于是人们不禁会开始思考"我是谁""我来自哪里""我归属于哪个群体"……由此便涉及了所谓的认同问题。总之，认同与记忆紧密相连，记忆塑造认同，认同再反作用于记忆的建构。

（二）博物馆与"记忆""认同"的关系

博物馆作为文化遗产的永久收藏机构，可以说是传播历史文化、激发记忆、促进认同的天然场所。2011年的国际博物馆日主题为"博物馆与记忆"，2013年则是"博物馆（记忆+创新）＝社会变化"，从中折射出的不仅是博物馆与记忆逐渐紧密的关系，还有人们对二者关系日益成熟的认知。对历史文化类博物馆而言，博物馆展示历史的目的不仅是唤起、恢复公众的记忆，还应为公众提供这样一个平台——让其能够在"物"的

---

① 宋向光. 促进"认同"是当代博物馆的重要任务 [J]. 东南文化, 2011 (4)：9.

故事中寻找、整理、反思记忆，并最终重建起个人的记忆价值体系。换言之，博物馆给公众提供记忆，不是为了使人沉溺于历史之中，而是为了帮助他们在记忆传承中更好地创造新的生活。

这种观念的进步反映在博物馆具体的业务活动上，可以引起工作思路的如下转变：

其一，收藏思路的转变。博物馆要走出以前偏重文物经济和艺术价值的误区，将其所蕴含的"记忆"作为判断藏品价值的根据，从而拓展收藏的范围与内涵，转移文物征集的重点。关注"记忆"，则意味着要避免将已经脱离原生地的文物当作单纯供人欣赏的艺术品对待，清晰认识到其作为记忆的"载体"属性，更多关注藏品本身之外的其他信息，如它的时空环境、社会联系等，毕竟"记忆"往往附着于细节之上，离开细节，记忆也就失去了具体的内容。

其二，研究思路的转变。博物馆从对藏品物质文化层面的关注深化到对非物质文化的精神层面的探索。罗塞尔·B.奈伊认为，一件人工制品是一系列概念的产物——一种需要、一种思想、一项计划、一个产品，一旦被制作，它将反映和影响那些制作者和使用者的行为[1]。他还认为，被一种文化所制造和使用的人工制品在衡量这种文化的标准的同时也包含了对这种文化的隐喻[2]。这就要求博物馆的藏品研究不能简单地停留在物质本身，而应借由这些作为载体的物质，去了解古人的智慧与情感，并试图去体悟那个遥远年代的文化风韵与精神特质。

其三，展示思路的转变。博物馆展览的设计理念从过去单

---

① 罗塞尔·B 奈伊. 人文科学与博物馆：定义与联系 [J]. 梁晓艳，译. 中国博物馆，2000（3）：22-27.

② 同①。

纯的"以物证史"和保守的"就史说史"逐步向"史为今用"过渡。对省级综合性博物馆来说，作为区域社会之集体记忆的叙述者，如何依靠展览体系的诠释功能来帮助公众将历史记忆更好地融入现实生活，便成为时代赋予其展陈设计的一大挑战。面对这一挑战，过去强调的"让文物开口说话"，单纯依靠物的自我表达来解决问题，事实证明不太可行。当我们认识到记忆具有"选择性"，且承认博物馆"制作"历史具有合理性，在此前提下策展人将若干历史信息剪裁、再组合，并依靠叙事的手法凝练出一个鲜明的主题、构建出一条完整的"故事线"便成为当下博物馆历史展示的可行方式。换言之，展览体系的诠释功能可被简单概括为：选择"恰当"的展品与"恰当"的叙事逻辑来表达博物馆想要强调的价值观念。此种做法的代表案例有美国国家历史博物馆的大型主题展览"自由的价值——战争中的美国"①，该展以时间为序，依次讲述了从独立战争到反恐战争的美国战争史。其特点在于，每场战争的展示都不是单纯地"就史说史"，而是借由说明文字点出战争的终极目标——为了自由，而"自由"二字正是美国文化的核心价值观。从表面上看展览是在传播关于战争的历史知识，但就本质而言，它实则是在通过特定的叙事逻辑来强化一套社会的主流价值论述，它用自由诠释战争，借以强调美国历次战争的天然"正义性"，并最终达到凝聚国家政治认同的传播目的。

就某种程度而言，当今社会谁提供了记忆的解释，谁便掌控了未来。现代博物馆作为一个典型的"记忆之场"，它不仅要展示历史，更要参与历史的创造。而促进认同便是博物馆构建集体记忆、参与历史创造的重要目的之一。

---

① 燕海鸣. 博物馆与集体记忆：知识、认同、话语 [J]. 中国博物馆，2013（3）：14-18.

二、历史展示的核心问题

（一）何谓"历史"

现阶段博物馆的历史展示面临着缺乏思想深度的问题，而好的展示则既能让眼睛看得见，又能让心智看得见。若想解决这一问题、实现这一目标，博物馆也许有必要回到原点，厘清历史究竟是什么。

朴素的实在历史观认为，历史即历史事实，是过去真实发生或经历过的事情与进程，是独立于人们意志之外的客观实在。这个层面上的"历史"应当归属于本体论或存在论范畴。然而，历史事实毕竟与当下事实不同，隔着遥远的时空距离，其本质是不在场的，因此，人们必须借助文献、遗存等载体，通过分析、推理等脑力活动才能再现过往所发生之事。换言之，历史存在依赖于人的主观认识，历史事实与其说是独立存在于外部世界，不如说是存在于人们主观的理解与认识之中。于是，传统的历史本体论越发受到人们的质疑。英国哲学家沃尔什曾在其《历史哲学导论》一书中明确将历史哲学划分为两大流派：思辨的历史哲学和分析的历史哲学。就总体而言，前者研究历史本身的运动，而后者则关注人是如何来认识这一运动；前者探讨历史本身的性质，而后者则分析历史知识的性质，并对人认识历史的能力进行批判，因此后者又被称为"批判的历史哲学"；前者以黑格尔作为其理论的集大成者，后者中则涌现出柯林伍德、克罗齐等多位代表人物。一言以蔽之，分析的历史哲学与思辨的历史哲学的最大本质区别就在于，它将史学研究的核心议题从历史的本体论转移到了历史的认识论上，而西方的历史哲学领域在 20 世纪初期便完成了这一学术转型。其中，柯林伍德的"一切历史都是思想史"、克罗齐的"一切历史都是当代史"的观点影响深远，历史由此成为当前人们经过理智反思后形成的对过去的看法，历史学家的任务则是不断阐释与重塑人类的文化遗产。比起初始阶段，此时的历史学愈发强调对历史证据的科学运用，但关于过去的证据又多以文字或符号的形式出现，这就导致历史研究出现了与传统叙述史同样的困境——无法彻底摆脱语言形式对历史表达的束缚。于是，历史由一个认识理解的问题又转向发展成为一个语言修辞的问题。20 世纪七八十年代以来，由于叙述主义的复兴，历史学逐步偏离"科学"的轨道，向文学修辞性学科的方向滑去。在海登·怀特、安克斯密特等人的推动下，由哲学领域内掀起的"语言学转向"在历史学领域渗透成功，新观念表明任何历史事实都不可能超越表达这些事实的说话形式。

韩震、董立河认为：朴素的客观主义坚持历史事实的外在性与客观性，这种看法在原则上是正确的，但若以为历史事实本身就像自己理解或描述的那样存在，又太过简单；主观主义虽然很有见地地揭示了历史认识的复杂性，但却将历史研究更多固定在认识的中介环节上，甚至将客观的历史过程看成是主观建构，就为极端相对主义历史观的盛行开辟了道路；而近年来出现的以解构主义和后现代主义为旗帜的新相对主义，则信奉尼采"没有事实，只有解释"的观点，认为历史只是人们对过去的理解以及关于这些理解的话语①。

那么，历史究竟是什么？要回答这一问题，我们也许可以采用这样的认识顺序：历史首先是历史事实，然后是关于历史

---

① 韩震，董立河. 历史学研究的语言学转向：西方后现代历史哲学研究 [M]. 北京：北京师范大学出版社，2008：350-351.

的理解和认识，最后是历史的话语和表达。学者韩震对此概念的阐释则更为深刻：历史的本体、认识和语言三种形态，共同构成了历史意义的显现形态，同时也反映了历史观念前后相继的演化进程，并与历史的发展进程具有同构的关系①。具体而言，农业社会处于一个客观逻辑占主导地位的时代，人们服从历史的命运并由衷地相信自己所表达的历史是真实可靠的，哪怕是那些明显带有想象色彩的神话故事，所以这一时段的历史观念呈现出本体形态；进入工业社会，随着人类改造世界能力的显著增强，人们越发自信，因此在这个主体性的时代里，历史是认识形态；再到后工业社会，高速的发展让整个社会的不确定性急剧增加，传统的稳定感被破坏，高度的主体性让人开始怀疑与反思人类本身的有限性以及知识的不确定性②，于是断言所有的历史认识和历史表述极有可能并非真实，而是出于某种欲求的话语建构。在这种不断发展的学术背景下，历史类博物馆日益成为当下争夺话语建构的重要空间。

（二）两个核心问题

在厘清了历史是什么之后，本章将就历史展示的核心问题展开探讨。

首先，历史展示的核心问题在于：展览是否对历史哲学（历史观点、历史价值）有所揭示。

1970 年"全球史观"的代表著作《全球通史》问世，引来赞誉如潮。其作者斯塔夫里阿诺斯表示，是全球的格局决定了该书的文本结构，让读者留下了一种客观历史实在决定历史叙

---

① 韩震. 历史观念大学读本 [M]. 北京：中国人民大学出版社，2008：6.
② 后现代历史哲学的兴起本身就意味着后工业社会中知识的不确定性，其表征的则是社会的不确定性。参考文献：沃勒斯坦. 知识的不确定性 [M]. 王昺，译. 济南：山东大学出版社，2006.

述形式的印象。但学者陈新对此却持有完全相反的看法，他认为："历史哲学为具体历史经验的表述提供了叙述的形式，而这种形式最终决定作者要挑选怎样的一类原始经验，并如何带入历史思维……全球格局正是作者为解决现实问题而建立的合理预设，它之所以必须有意或无意地披上客观性的外衣，或许因为绝大多数读者还普遍地持有朴素实在论的观点，对历史（学）的建构能力尚没有深刻的认识。"① 换言之，是作者的历史哲学决定了《全球通史》的结构安排，而其历史哲学又与他的叙述意图（作者写作、建构世界历史的根本目的）密切相关。陈新在其文中对斯塔夫里阿诺斯如何通过历史思维编织历史经验，并最终为自己关于全球进程的假设（全球史观）赋予客观实在性的过程进行了详细的论述。而我们通过该例子想到的是：既然历史经验和事实的诠释会受到历史哲学的制约，而历史哲学又关乎持有者认识历史的目的，那么在博物馆中，鉴于陈列脚本的"文本"属性，支配历史文化类展览内容设计的根本因素则不应是素材或藏品本身，而应是策展人的历史哲学和叙述意图；历史哲学之于历史展示的具体作用在于作为展览的理论支撑，决定展览内容的取舍与构架，将各种貌似毫无关联的零散素材按照一定的逻辑组合成为一个有机整体，形成一种有意义的叙述。

就省级综合性博物馆的常设展览而言，能够融入历史哲学的展览类型目前主要为通史类展览，且由于我国意识形态的统一性，其所采用的展览叙述框架又表现出了很强的同质化倾向，由早前清一色的"社会形态五阶段说"逐步过渡到现在流行的"文明史观"。前者认为，纵观人类历史的发展进程，可将其分

---

① 陈新. 历史认识：从现代到后现代 [M]. 北京：北京大学出版社，2010：6.

为五种社会形态，它们由低到高依次为奴隶社会、封建社会、资本主义社会、社会主义社会以及共产主义社会；后者则强调历史发展的基本线索是人类文明的发展及人类自身的文明化，历史的基本内容是人类创造、积累文明的过程及其所获得的成果，就本质而言，人类的历史是一部人类文明发展的历史，且"文明"的概念在纵向上可分为农耕文明和工业文明，在横向上则表现为物质文明、政治文明和精神文明，而博物馆则主要围绕物质文明进行展示。鉴于国家博物馆对各省级综合性博物馆展陈业务的重大示范作用，本章将以其常设展览为例，说明我国通史类展览中历史哲学（或历史观）的具体变化过程。

20 世纪 50 年代末，"中国通史陈列"既按社会发展分期，又按历史朝代排列。其之所以会呈现出如此的结构布局，是因为它既要遵照马克思主义的社会发展史学说，又想兼顾中国古代王朝更替、延续不断的历史特点。该版展览表现了我国从原始社会到 1840 年鸦片战争以前的各个历史时期的生产力和生产关系的发展变化状况以及劳动人民的斗争历史，并重点陈列展示了历朝历代的农民起义，有学者甚至认为"农民战争史代替了全部的中国历史"①。究其原因在于，以阶级斗争为纲的思想在当时社会占据了绝对的统治地位，而博物馆展览不得不服从这一社会现实。至于该展览展示的内容为什么又会分为政治、经济、文化三大类别，则与当时作为其内容体系框架基础的国内史学的著述格局紧密相关。20 世纪 20 年代—40 年代，在"西学东渐"、社会学兴起的背景下，我国史学界曾一度掀起对社会生活领域的研究热潮，当时的代表著作有郭沫若的《中国古代社会研究》、杨树达的《汉代婚丧礼俗考》等。可惜好景不长，"从五十年代后期开始，由于教条主义的束缚和'左'的思

---

① 于沛，等. 20 世纪中国历史学（下）[N]. 光明日报，1998-01-27.

潮影响，人们在理解和应用历史唯物主义从事史学研究时出现了偏颇和失误，将社会生活这一重要历史内容的研究视为'庸俗''烦琐'而逐之于史学门槛之外，并且美其名曰捍卫马克思主义史学的革命性和科学性"①，由此便形成了此后流行数十年的政治、经济、文化三足鼎立的通史、断代史等著述格局。

到 20 世纪 80 年代左右，随着思想上的"拨乱反正"，人们逐步认识到真正的马克思主义是要重视对社会生活的研究，因为它是综合体现生产力和生产关系以及各种社会关系变化的标志②。这就是说，此前的研究认为社会生活在历史发展中仅仅是无足轻重的琐屑小事的观点是错误的，这种做法恰恰是对历史唯物主义的背离。于是史学界开始复兴和加强对社会生活史的研究，并试图从该角度着手去开拓与填补"三足"（政治、经济、文化）之下的边缘地带和空白领域。学术思潮的转变同样影响了博物馆的展览策划，在"中国通史陈列"八九十年代的修改版本中，虽然对社会生活的研究比重有限，但在个别历史时期的展示中已经能够找到相关内容。该版本的其他重大变化还包括：在原始社会部分增加"文明的曙光"一栏；将展览下限移至辛亥革命（清朝灭亡），以使朝代分期更加完整；淡化对阶级斗争的反映；等等。其变化的主要原因在于，内容设计者对当时（改革开放初期）史学研究与考古工作的最新成果有所汲取。

进入 21 世纪，2011 年修改的"古代中国"不再沿用"社会形态"的历史分期和"以阶级斗争为主线"的展示策略，而是彻底将王朝更替作为展示脉络，下设"远古时期""夏商西周

---

① 本刊评论员. 把历史的内容还给历史 [J]. 历史研究，1987（1）：77-78.

② 同①。

时期""春秋战国时期""秦汉时期""三国两晋南北朝时期"
"隋唐五代时期""辽宋夏金元时期"和"明清时期"八大部
分。究其原因在于，参与"中国通史陈列"改陈系列研讨会的
多数学者认为，过去五种社会形态是从经济角度对社会发展阶
段所做的划分，并不是完全意义上的"社会形态"，马克思主义
经典作家对经济社会形态的具体看法主要出于对古代西欧历史
的了解，当代中国史学家对于"封建"一词的实际意义有不同
的看法①。换言之，为了能够更好且稳妥地反映出当代中国史学
界、考古学界研究的最新水平，并突出中华文明绵延不绝的发
展特点，"古代中国"这一版最终选择从文明史的角度切入，以
王朝更替作为整个展览的主线来展示中华文明与中华民族这一
民族共同体形成与发展的历史进程。同时，该版还注意对社会
生活的反映，将其视为重点内容贯彻到各时期的展示中去。与
之前几版的通史陈列相比，"古代中国"一版所展示的历史就显
得更加血肉丰满、生动鲜活。

其实，无论是"社会形态五阶段说"还是"文明史观"，
它们都强调人类历史发展的整体性和进步性，在我国的博物馆
中又都依托于王朝更替的时间线索。它们作为展览的理论支撑，
在设置文本的内容框架时，有利于把零散的历史材料整合为一
个易于观众理解的叙述脉络（尤其是它与历史教科书的相似体
例，更让观众倍感熟悉）。但是，当把这套展示策略嫁接在省级
综合性博物馆的实际展示中，却多多少少会出现一些问题。比
如，用同样的社会发展阶段或王朝更替作为展览主线，在此框
架下填充符合各个板块内容要求（政治、经济、文化等方面）
的地方历史，该做法强调的是展览序列的系统性、关注的是国

---

① 陈成军."古代中国"基本陈列内容设计与陈列博物馆化［J］.中国国
家博物馆馆刊，2013（1）：11-19.

家层面的总体变化，因而不利于区域差异与特色的凸显，容易导致展览缺少个性；同时，受藏品支撑不足等原因限制，很多地方通史的展示都或多或少面临着不同程度的缺环，虽是通史，但实则给人以历史或文明的"断裂感"；此外，展览虽然也有反映社会生活的内容，但展览全程仍旧倾向于从官方史或精英史的角度对历史进行叙述，这也不利于普通观众从中把握自身与过去的关联。

其次，历史展示的核心问题还在于展览是否面向当下生活，是否具有问题指向，是否能够反映出历史的当代性。

柯林伍德的历史哲学理论以揭示历史学与自然科学的不同开始，他的基本观念是："自然的过程可以确切地被描述为单纯事件的序列，而历史的过程则不能。历史的过程不是单纯事件的过程而是行动的过程，它有一个由思想的过程所构成的内在方面；而历史学家所要寻求的正是这些思想过程。一切历史都是思想史。"[①] 简单理解就是，人需要先有某种思想，才会有接下来的某种行为。既然思想是因、行为是果，那么我们的展览不仅要关注历史事实，更要了解其背后的指导思想。柯林伍德进而提出真正的历史不是研究时代，而是研究问题；其所依托的方法是在心灵中重演过去的思想。他认为有些观念虽然属于过去，但不会随着过去的消亡而死掉，通过对历史的理解，我们可以将其融入自己的思想当中，并通过批判地利用遗产来促进自身进步。

同一时期的贝奈戴托·克罗齐更是顺着精神与历史同一的逻辑，提出了一个更加大胆的命题，即"一切历史都是当代史"。他所谓的历史的"当代性"指的是一切历史都应具备的内

---

① 柯林伍德. 历史的观念 [M]. 何兆武，张文杰，译. 北京：中国社会科学出版社，1986：224.

在特征，如果没有，则不是真正的历史，只是历史的尸体而已。克罗齐认为：历史绝不是关于死亡的历史，而是关于生活的历史[1]。其原因在于：人类真正需要的是从现在去重现过去，不是使自己脱离现在，回到已死的过去[2]。他曾说："在历史进程中所保存和丰富的是历史本身，是灵性。过去不是异于现在而活着的，它融化和转化于现在之中。"[3] 这种过去的事实只要和现在生活的一种兴趣打成一片，它就不是针对一种过去的兴趣而是针对一种现在的兴趣的[4]。这就是说，就历史认识的内容而言，克罗齐认为只有仍具有现实生命力的东西才可能进入当代人的历史思想；就历史认识的方式而言，则只有现实生活中的兴趣才会促使人们研究过去的事实，只有当生活发展有所需要时，过去才能被复活。既然历史是当代的，那么历史就是变化发展的。由此克罗齐得出结论：历史是愈来愈丰富、愈来愈深刻的……没有一部历史能使我们完全得到满足，因为我们的任何营造都会产生新的事实和新的问题，那么就会要求新的解决方案[5]。

尽管上述两位历史学家的观点因过分强调历史认识的主观性而最终走向了片面化，犯了唯心主义的错误，但是我们也不能因此忽视其思想中具有积极意义的一面。例如，柯林伍德将积极能动性引入历史认识论，主张大家带着问题去阅读历史、

---

① 贝奈戴托·克罗齐. 历史学的理论和实际 [M]. 傅任敢，译. 北京：商务印书馆，1982：68.
② 同①，第 69 页。
③ 同①，第 220 页。
④ 同①，第 2 页。
⑤ 同①，第 31 页。

寻找答案；克罗齐强调历史的当代性①，指出历史研究需要具备现实意义，并呼吁我们立足当前问题，不断地去研究与重写历史。这些观点对博物馆的历史展示来说都具有启发意义，它促使我们在策展阶段去思考：观众对我们即将展示的几百年、几千年前的人、事、物的兴趣点何在？我们所要展示的过去与观众生活的当下能否建立起必然联系且互为解释？这个历史展览是否具有现实的启迪意义？展示"我们自何处来"是否可以暗示（准确地说，是提出这样一个问题让观众去思考）"我们将往何处去"？这些问题之所以重要，就在于它们关乎历史展示的思想深度问题。

三、历史展示的个案分析

（一）香港历史博物馆的常设展览

1. 选择该案例的原因

首先，中国香港历经了殖民统治、移民大潮、经济腾飞、政治回归的重大变迁，当地博物馆在促进地域认同方面有较为成熟的经验。其次，常设展览"香港故事"的筹划恰巧处于香港回归前后这一特殊的历史时段，其内容设计不得不处理诸多

---

① 此处略做补充，廖昌胤在解析近年来的英美文学批评中所提到的当代性概念时，认为其具有以下三个方面的含义：其一，当代性具有"我们时代性"，即作者出生以来的这一个时代的独特性质；其二，各个时代的文本在"当前"共同存在并进入读者视野的共存性；其三，指不同时代的作者、不同时代的作品"一直活着"的特性，即生命存在性。笔者认为此概念可以延伸应用到博物馆的历史展示之中，即其展示既能准确反映历史的时代性特征，又能让观众意识到它与当前知性关注的相关性，让历史与现实共存。参考文献：廖昌胤. 当代性 [J]. 外国文学, 2012 (3)：99-106, 159.

的历史争议问题。归根结底，策展人既想消解英国史学家的殖民论述，同时又想回避内地学者所秉持的、强调香港与内地二者同源的政治立场①。此情此景下，该展览是站在何种角度阐释中国香港人的身份、文化认同？策展人又会借由此展览传达出何种历史认知？这些问题都值得思索。最后，与内地许多省级综合性博物馆相比，中国香港历史博物馆的建设较多借鉴了欧美博物馆相对先进的发展模式，在展陈设计上值得借鉴与参考。

2. 展览的概况

"香港故事"常设展览是博物馆26年来辛勤努力搜集、保存及研究工作的总展示。整个展览占地7 000平方米，共有8个展区，分布于两层展厅；通过逾4 000件展品、750块文字说明、多个立体造景及多媒体剧场，配以声和光的特殊效果，栩栩如生地介绍香港地区的自然生态、民间风俗及历史发展。"香港故事"从四亿年前的泥盆纪开始，以1997年香港回归作结，内容务求雅俗共赏，趣味与教育并重②。

该项展览的目的在于"反映香港历史博物馆的定位，提高香港人对本地历史文化的认识"，以及通过展览激起不同年代的人对同一段历史的讨论和沟通③。

在展示结构上，该展共分为八个部分。

第一展区：自然生态环境。该展区分为"地貌与气候"和"动植物"两个部分。参观者首先经过一条由假石块堆砌而成的

---

① 王宏志."香港中国人讲香港故事"：香港历史博物馆的常设展［M］//王晓明，陈清侨.当代东亚城市：新的文化和意识形态.上海：上海书店出版社，2008.

② 香港历史博物馆官网."香港故事"展区介绍［EB/OL］.（2014-4-18）［2021-1-1］.http：//www.lcsd.gov.hk/CE/Museum/History/zh_CN/web/mh/exhibition/permanent.html.

③ 资料来源：丁新豹的演讲录音——"香港故事"是怎样制作出来的？

时光隧道，从岩石及化石标本中了解香港四亿年来所经历的地质年代及各时期的地貌，随后便进入一个高逾十八米的树林，在遍布多种鸟类、爬行类及哺乳类动物的环境中，认识香港六千年前的生态系统（见图4.1）。

图 4.1　第一展区实景

第二展区：史前时期的香港。该展区陈列了本地出土的新石器时代的石器、陶器和青铜器等文物，并搭建起一个长达42米的沙滩场景复原，通过对数千年前先民们生火煮食、搭盖房屋以及打制石器、饰物等日常活动的生动展现，借以形象说明部分陈列文物的实际用途，并在沙滩尽头复制出大浪湾摩崖石刻，以体现香港先民的原始宗教崇拜（见图4.2）。

图 4.2　第二展区实景

　　第三展区：历代发展。该展区通过文物重点阐述了香港从秦汉至清代因移民而带来的社会经济文化的变化发展。史前时期在岭南一带活动的主要是南越族；秦汉以后中原汉族才陆续移入，他们带来了先进的文化和技术；至唐、宋时期，移民大增，香港地区与珠江三角洲也随之同步发展起来；至明清两代，不同姓族陆续迁居香港，为这个地区的社会经济发展打下基础（见图 4.3）。

　　第四展区：香港的民俗。该展区介绍香港及华南地区四个主要族群多彩多姿的生活习俗。参观者可以登上一艘巨大的复制渔船，以了解水上人家的生活、信仰和习俗；也可以通过复原的盐田来认识福佬人的传统晒盐技术；或者从简朴的村屋及刚收割的稻田来体验客家人的农耕生活；以及从祠堂庙宇等传统建筑中来了解本地人的传统嫁娶仪式与元宵点灯习俗（见图 4.4）。

图 4.3　第三展区实景

图 4.4　第四展区实景

第五展区：鸦片战争及香港的割让。该展区介绍了鸦片战争的缘起、经过和影响，还倒叙新航路发现、葡人经营澳门、广州十三行贸易、早年中英关系以及割让九龙及租借新界的来龙去脉。为了营造战争的气氛，该展区还复原重建了第一次鸦片战争时期清兵抗英的防卫碉堡——虎门炮台（见图4.5）。

图4.5　第五展区实景

第六展区：香港开埠及早年发展。该展区主要让参观者认识鸦片战争前香港的生活面貌。该展区重构了一个古典欧陆式码头以及一条弥漫着20世纪情调的街道（两边经营有茶庄、裁缝店、当押店、杂货店、银行等，还有一辆双层电车，沿街配合着各种叫卖声、电车声）。在该展区，观众可以了解鸦片战争前香港地区在法制、民生、工业及教育等各方面的发展，还可以重温孙中山先生在香港的革命事迹，了解香港在中国近代史上所扮演的角色（见图4.6）。

图 4.6　第六展区实景

第七展区：香港日占时期。策展人将展馆设计成为一个防空洞的样式，以营造战争的氛围，并透过展品、老照片及影片，让参观者了解第二次世界大战中，中国军民抵抗日军的实况和日占时期的香港生活，感受这段人人自危，每天活在惶恐之中的悲惨日子以及英勇抗敌的东江纵队的光辉事迹（见图 4.7）。

图 4.7　第七展区实景

第八展区：现代都市及香港回归。该展区介绍了第二次世界大战后香港发展为现代都市的经过。前半部通过多媒体节目及互动展品，介绍香港在房屋、工业、金融及贸易等各方面的飞跃发展；后半部通过文物、纪念品及重要文献等介绍从中英谈判、联合声明签署到回归大典的整个过程（见图4.8）。

图4.8　第八展区实景

3. 展览与认同

（1）个人身份认同（政治身份 VS 经济身份）。

"香港故事"一展涉及政治的内容主要分布于第三、五、六、七、八展区。就展示面积而言，该展政治内容的展示面积占比要远小于其他内容的占比；就展示手法而言，相对于其他内容所大量采用的复原法、景观陈列法，设计者对政治内容的展示则平实简单，主要为单纯的文物、图片陈列。足见馆方对政治采取了弱化乃至回避的态度。对此，王宏志曾明确指出，馆方在第三展区讲述香港行政归属的内容只有寥寥数语，而第五展区的展示也是在策展过程中因为受到政治内容过少的指摘才得以增加并独立成章①。

与此相对，经济与民生发展才是"香港故事"的展示重点。从第三展区对各朝代移民的迁入以及本岛居民农耕、渔猎、船运生活的描述，到第四展区对本地族群生产场景的复原，再到第六、第八展区对彼时百业兴旺、经济腾飞历史面貌的再现，策展人向观众讲述了一个关于移民如何努力奋斗，终将香港从蛮荒之地建设成为富足安定的大都市，并在此过程中转换自身身份（由外来者变为当地人）的故事。

陈冠中认为，"香港人"的概念是居住在香港地区的人群，在其无法成为英国人，同时又与内地人存有内在隔阂的情况下，被迫向内发展而建构出来的一种身份认同②。"香港故事"一展正是对此类观点的一种呼应，其内容主次分明、重点突出，经济民生内容与政治内容一详一略的占比，清楚地向观众揭示了策展人希望传达的历史认知——决定"香港人"个体身份认同的关键是香港经济与民生的发展，而非政治归属的转变。

（2）地域文化认同（传统文化 VS 当代文化）

"香港故事"一展，涉及文化的内容主要集中在第四和第八展区。

第四展区分为两大部分。第一部分主要向观众展示"客家""水上人""福佬""本地"四大族群的生产生活状况。为了使场景复原的效果更佳，策展人不仅多次实地考察访谈村民的实际生产生活状况（如到大澳盐田访问村民等），还特意聘请相关专业人员到博物馆内进行现场制作（如请古建筑修复公司复建邓

---

　① 王晓明，陈清侨. 当代东亚城市新的文化和意识形态［M］. 上海：上海书店出版社，2008：24.

　② 陈冠中. 90 分钟香港社会文化史（五之四）［EB/OL］.（2008-11-09）［2021-03-01］. http://blog.sina.com.cn/s/blog_48c646520100bsgq.html.

氏宗祠等)①。该展利用各种精心设计的细节展示（如场景中各色人物的服装、用具等），再辅之以现场声效而呈现出沉浸式的空间设计，这种设计会让观众产生身临其境之感。第二部分同样采用大量的景观陈列手法，串联展示了当地人最为重要的传统生活，包括"新生命的诞生"（"开灯"仪式）、"新家庭的成立"（传统婚礼）以及一系列节日庆典与娱乐活动（民间信仰活动）。在迈克·费瑟斯通看来，相比静态的文本记录，诸如仪式操演、庆典活动等动态的表现形式更有助于维持人们的历史意识与地域归属感②。也就是说，通过营造一系列细节丰富、内涵真实的复原场景，博物馆既向观众中的外来群体展示了香港鲜明的地域文化特色；与此同时，又试图唤醒观众中本地成员的集体记忆，通过带领他们回顾一幕幕的熟悉情景，借以激发出他们对家园故土的眷恋之情，并最终凝结出当地人对香港地域文化的认同。

第八展区则主要展示香港的都市文化，包含了漫画、音乐、电台、电影和电视，而这几项文化成就实质反映的是香港通俗文化形成的一些重要元素，即港式粤语、英美时尚、复制文化与"通属城市"③。其中，语言与电影二者和地域认同的构建紧密相关。一方面，"香港故事"的几大文化板块均有涉及粤语在各文化娱乐领域中有所提升的内容，策展人试图向观众揭露这样一个历史事实——移民后代逐步抛弃家乡话而改说港式粤语。"粤语的进一步普及是与港式新文化的崛起同步进行的，也是后

---

① 王宏志. "香港中国人讲香港故事"：香港历史博物馆的常设展［M］//当代东亚城市：新的文化和意识形态. 上海：上海书店出版社，2008.

② 迈克·费瑟斯通. 消解文化：全球化、后现代主义与认同［M］. 杨渝东，译. 北京：北京大学出版社，2009：127-130.

③ 李晓欣. 香港地区博物馆与社区身份认同研究：以"香港故事"为个案［J］. 美术馆，2008（2）：99-118.

者正式建立的标志，而这个过程同时伴随了香港身份认同的建立，三者实质是同一进程在不同层面的表现"①。另一方面，电影是大众认识香港文化的最重要的途径之一，也是香港最具影响力的一张特色名片。因此"电影和电视"版块是该展几个文化板块中内容最为丰富的部分。李欧梵认为，电影是一门表象再现的复制艺术，它代表了香港文化的一大特色——"再现（representation）"，即使原来的内容是借或抄来的，经过香港文化的复制重裱以后，它再现出来的光芒并不亚于原典。香港的历史不但是外来的，还是借来的，总之，无所谓有本土认同的意义，然而当它经过处理而再现的时候，却为香港人制造出一种文化认同和骄傲②。李欧梵同时强调，这一复制文化由于先天缺乏扎根当地的历史意识，其实质仍是单一的消费主义文化；在这层意义上，香港就被视为一座"通属城市"——兼容并蓄但缺乏都市计划和历史自觉的国际都市模型③。与此相应的，对历史感的弱化凸显了香港地区的人们活在当下的态度，并由此奠定了展览的文化底色。

第四展区和第八展区，都是关于文化的展示，但反映出了不同族群文化逐步融合为同一地域文化的过程。

综上所述，文化遗产作为人与人、人与环境的见证物，在促进认同方面能够发挥催化与强化的作用，而博物馆作为文化遗产的收藏与展示者，理应担负起时代所赋予它的社会责任——为认同提供实物证据、真实信息及情感支持。"香港故事"作为"用展览促认同"的一个较为成功的范例，虽是通史性质，

---

① 李晓欣. 香港地区博物馆与社区身份认同研究：以"香港故事"为个案 [J]. 美术馆，2008（2）：99-118.

② 李欧梵. 香港要走出上海的阴影：为香港打打气之三 [M] //李欧梵. 寻回香港文化，桂林：广西师范大学出版社，2003.

③ 同②。

但其结构并非完全依照王朝更替的时间顺序来设置，而是精心选择了叙事立场和展陈方式来重构本区的历史。这也就是说，该展所呈现的是包含了主观认同信念的历史叙事。

（二）非裔美国人历史文化国家博物馆的常设展览

1. 选择该案例的原因

非裔美国人历史文化国家博物馆（National Museum of African American History and Culture，NMAAHC）是美国第一座全面展示、记录非裔美国历史文化的国家博物馆，该博物馆建设初衷即被设想为非裔美国人在美国历史上所做出的贡献和身份认同的象征，并通过非裔美国人的经历来讲述该国的故事。

博物馆创始馆长朗尼·G. 邦奇三世（Lonnie G. Bunch III）认为，很少有什么东西能像一个民族、一个浸没在历史中的国家那样强大和重要。他还指出，这个博物馆将通过非裔美国人的历史文化来讲述美国的故事，这是美国的故事，这座博物馆是为所有美国人而建的。NMAAHC 是一个向所有人开放的公共机构，欢迎任何人参与、合作并更多地了解非裔美国人的历史和文化。

前任美国总统奥巴马在 NMAAHC 开馆仪式的讲话中提到，该博物馆使非裔美国人的历史故事更丰富、更完整，有助于促进不同族群间的相互了解与团结。非裔美国人的历史是美国历史不可分割的重要组成部分，甚至是"美国故事的中心"。对于过去数百年间，非裔人士在美洲大陆遭受的屈辱与血泪，奥巴马说："一个伟大的国家从不回避事实真相……我们不是美国历史上的负担和污点，我们就是美国。"奥巴马认为，该博物馆对于美国现存的一些严峻社会问题提供了"上下文背景"，有助于不同肤色的参观者换位思考。也许，一位白人访客结束参观后，可以理解弗格森、夏洛特等地示威者的痛苦与愤怒；黑人访客同样也会得知，执法者和官员一直在为做出正确的事不懈努力①。

该博物馆从建筑到展览都很好地讨论并诠释了某一群体如何思考"我是谁""我来自哪里""我归属于哪个群体"这些有关认同的问题。

2. 展览概况

美国非裔美国人历史文化国家博物馆位于美国华盛顿国家广场大草坪附近，毗邻华盛顿纪念碑，占地两公顷，造价 5.4 亿美元，其中民间募捐的部分超过 3 亿美元。该博物馆于 2016 年 9 月 24 日落成开馆，时任总统奥巴马为博物馆揭幕并将其称作是史密森学会的第 19 个也是最新的博物馆。

NMAAHC 是美国第一座全方位展示黑人历史与文化的博物馆，也是唯一专门记录非裔美国人生活、历史和文化的国家博物馆。该博物馆的建设过程可谓一波三折，从最早提出倡议到博物馆落成，耗费了美国几代人长达百年的时间。1915 年，一批经历过美国内战的黑人老兵提出这一倡议，以期纪念历代非裔美国人群体。他们的努力于 1929 年初见成效，为凸显黑人在艺术和科学领域所获的成就，时任总统胡佛将建设"国家纪念馆"提上日程。然而，这项计划没有得到国会支持，私人筹募也以失败告终。之后的 20 世纪 70 年代至 90 年代，筹划建馆的相关努力同样因资金困难等问题没能取得显著成效。2003 年，在民权领袖约翰·刘易斯等人的推动下，美国国会通过兴建非洲裔国家历史和文化博物馆的法案，由时任总统布什签署生效。之后又过了近 10 年，博物馆才正式破土动工②。2016 年 9 月 24 日，时任美国总统奥巴马出席了开馆典礼并发表 31 分钟的讲

---

① 张朋辉，郑香君，刘皓然. 美国首个黑人博物馆落成开馆［N］. 环球时报，2016-09-26（4）.

② 同①。

话，在讲话中，他高度肯定了博物馆的历史与社会价值。前总统克林顿和小布什及一众联邦政府官员也出席了这一仪式。美国媒体认为，新博物馆有助于让整个国家理解并认同非裔美国人在美国历史上常被忽略的杰出贡献，弥合分歧，缓和对立。

NMAAHC 内部面积为 36 882 平方米，分地上四层和地下三层，包括展厅、教育中心、画廊、剧院、礼堂、自助餐厅、商店和办公室等。到目前为止，博物馆已经收集了超过 36 000 件文物，并且已有近 100 000 个人已经成为其会员[①]。

NMAAHC 博物馆展厅设置情况如下。

（1）地下广场（Concourse）——历史馆（History Galleries）。

①地下三层（Concourse 3）——奴隶与自由（Slavery and Freedom）

②地下二层（Concourse 2）——种族隔离时代（The Era of Segregation）

③地下一层（Concourse 1）——改变中的美国（A Changing America）

广场中庭（Concourse Atrium）

冥想厅（Contemplative Court）

奥普拉·温弗瑞剧院（Oprah Winfrey Theater）

特别展览馆（Special Exhibitions Gallery）

甜蜜家庭咖啡馆（Sweet Home Cafe）

（2）地上展厅。

①第一层 Level 1 ——遗产大厅（Heritage Hall）

日冕馆（Corona Pavilion）

欢迎中心（Welcome Center）

---

① 数据来源于 NMAAHC 官网统计。

博物馆商店（Museum Shop）

储物柜（Lockers）

②第二层 Level 2 —— 探索馆（Explore More）

家族历史探索中心（Explore Your Family History Center）

非裔美国人媒体艺术中心（Center for African American Media Arts）

学习中心（Learning Center）：教室（Classrooms）、互动画廊（InteractiveGallery）

研究图书馆和档案馆（Research Library and Archives）

③第三层（Level 3）——社区馆（Community Galleries）

开荒拓路（Making a Way Out of No Way）

地区力量（The Power of Place）

非裔美国人的军事历程（The African American Military Experience）

体育：公平竞争（Sports：Leveling the Playing Field）

④第四层（Level 4）——文化馆（Culture Galleries）

文化表达（Cultural Expressions）

登上舞台（Taking the Stage）

音乐的十字路口（Musical Crossroads）

视觉艺术和美国经验（Visual Art and the American Experience）

全景购物中心（Mall Panorama）

博物馆整个展览的展出思路是"从奴隶到自由"，展览以情感为主题，包括迁徙、回忆和再生。博物馆展出的文物围绕黑人由奴隶走向自由这样一条主线，记录着非裔美国人为争取平权所进行的抗争，展现了他们对美国所做出的贡献。观众先从地下展厅的"奴隶与自由"主题开始参观，随着楼层升高，人们可以逐层了解黑人权益保护在美国历史中的进程。在博物馆最顶层，陈列着非裔美国人的艺术结晶。

其中，地下广场共分 3 层，分别围绕大西洋奴隶贸易、种族隔离制度和非洲裔的抗争 3 个主题进行展示。展品按历史事件的时间顺序展出，让观众无须对应时间轴，便能了解各展品的时间次序。修复后的奴隶船压舱物、种族隔离时代的轨道车、两个奴隶时代的客舱以及安哥拉监视塔等，都在该空间进行展示。

地上展厅共分 4 层，主要是探索非裔美国人的历史与文化、生活与艺术。其中，欢迎中心、博物馆商店分布在第一层（见图 4.9），第二层结合多媒体和互动的手段主要为学习、探索和研究中心（见图 4.10），博物馆的大部分展品集中在第三层社区馆和第四层文化馆（见图 4.11 和图 4.12），主要展示非裔美国人的开拓迁移历史以及在军事、体育、文化、音乐、视觉艺术等方面的表达和贡献。

图 4.9　NMAAHC 一层欢迎中心

图 4.10　NMAAHC 二层探索中心

图 4.11　NMAAHC 三层社区馆

3. 展览与认同。

（1）博物馆建筑与认同。

NMAAHC 作为美国国家广场上的非裔美国人的历史文化建筑，它的位置和设计以有形和象征性的方式代表了非裔美国人经验的过去、现在和未来。博物馆在国家广场上的象征性存在与建筑本身的象征意义相匹配，建筑师们将来自非洲和美洲的各种独特元素融入建筑的设计和结构中。图 4.13 为美国非裔美国人历史文化国家博物馆外观。

图 4.12　NMAAHC 四层文化馆

图 4.13　美国非裔美国人历史文化国家博物馆外观

　　NMAAHC 占地 3 万多平方米，其设计与建造是美国最庞大、最复杂的建筑项目之一。由于其 60% 的建筑位于地下，设计师与工程师须在场馆周围设计延续的挡土墙，向地下延伸的最大深度近 20 米，以确保置于华盛顿地区沼泽中的地基的稳固。该博物馆也是美国有史以来建造的最可持续的国家博物馆，也是史密森学会所有建筑中最环保的博物馆。它具有雨水收集、屋顶安装的光伏太阳能电池板、广泛的采光和高效率的机械系统等设计元素①。

NMAAHC 独特的三层建筑外墙"日冕"的灵感来自传统的西非约鲁班艺术中使用的三层皇冠，青铜色的日冕图案由3 600块铸铝板组成，呈金褐色，总重量达 230 吨②。博物馆周围建筑多是灰白色砖石建筑，因此无论是建筑风格、视觉冲击，这栋建筑都显得与众不同。"日冕"以偏离垂直线 17 度的角度向上和向外倾斜，与华盛顿纪念碑向上和向内升起的角度相同，两座建筑交相呼应。"日冕"铜质立面与建筑主体脱离，可起到过滤日光、减少热量吸收的作用，此设计又打开了建筑物的外部日光，对于一个博物馆来说，对光明的开放是象征性的，它寻求促进关于种族的公开对话，并帮助促进和解与疗愈。从最顶端的"日冕"，景色一直延伸到更高的地方，这提醒参观者，博物馆是一种灵感，其作为一个充满意义、记忆、反思、欢笑和希望的地方，向所有人开放。"日冕"的作用更在于构建建筑内部与室外空间的呼应。当观众透过镂空青铜日冕向外眺望时（见图 4.14），他们能看到国家广场上的纪念建筑群，这也是在提醒着观众此刻身处的环境是美国的国家中心，从而将自己置身于更大的国家环境之中，透过非裔美国人历史和文化的视角，来审视整个美国的历史。

博物馆在大楼的主要入口处设有宽敞的门廊和景观池，以迎接从国会广场前来的观众，它的建筑根源于非洲和非洲族裔散居地，特别是美洲南部和加勒比地区。游客在进入最底层的历史画廊之前，要先经过遗产大厅。故事通过坡道突出奴隶制和自由的展览升空，在"1968 年及以后"展览中达到高潮。

---

① 资料来源：NMAAHC 设计公司 Perkins&Will 的官网，https：//perkinswill. com/news/perkinswill-celebrates-the-grand-opening-of-the-national-museum-of-african-american-history-and-culture/？lang=zh-hans。

② 同①。

图 4.14　从博物馆内部看建筑外部铜质日晷

地下建筑部分，三层挑高的历史馆，既有纪念意义，又发人深省。馆内另外设置了一个类似装置艺术的"冥想中庭"，将技术悄然隐匿于展品中。"冥想中庭"内，一个圆柱形的瀑布从13.7米高的圆形天窗倾泻而下，加上日光从上面照耀下来，为反思和纪念定下了基调①。这项工程和设计的挑战在于技术"隐形"，让观众在陷入沉思时，获得耳目一新的体验。

位于"冥想中庭"对面的奥普拉·温弗瑞剧院可容纳350人。这个场地是表演者、艺术家、教育家、学者、作家、音乐家、电影制作人和舆论领袖的论坛，用于展示非裔美国人的历史和文化如何塑造和丰富国家和世界。

世界上许多伟大的建筑都将其建筑形式与其功能、目的结合起来。NMAAHC遵循这一原则，从这个意义上说，这座建筑包含了它的内容——通过非裔美国人的历史和文化视角讲述美国故事。博物馆建设是一个社区资源，它帮助观众了解自己，了解他们的历史及他们的共同文化。它提醒人们，我们曾经是什么，我们仍然面临什么挑战，我们可能希望成为什么。NMAAHC重新思考21世纪公共建筑的功能，旨在提供全新的用户体验和互动方式。它是新式博物馆的代表：优先考虑叙事方式和特色，生动灵活地讲述不为人知的故事，并为积极的社会变革营造声情并茂的场景。因此，它既是博物馆、纪念馆，亦是跨文化合作和学习的空间②。

从博物馆的地理位置来看，它位于美国首都华盛顿特区中心地带的国家广场，国家广场之于美国如同天安门广场之于中国。它既是一个国家记忆的储存和展示场所，也是一个公民参与国家事务的活动空间，更是构筑国家形象的仪式空间，被视为国家象征。国家广场经历了200多年的不断修建和改造，各

①　资料来源：NMAAHC设计公司Perkins&Will的官网，https：//perkinswill. com/news/perkinswill-celebrates-the-grand-opening-of-the-national-museum-of-african-american-history-and-culture/？ lang=zh-hans。

②　同①。

种国家机关办公建筑和纪念场馆等陆续修建，以此丰富着美国国家故事的层次和内容。基于此，最后入驻国家广场的NMAAHC隐约述说着一个强有力的声明，从国家层面确认非裔美国人和所有美国人一样，拥有相同的身份、认同和归属感。

传统意义上，当我们讨论一个族群的身份认知感时，必定会寻踪溯源，在族群落地生根的地理范围内，观察共同的生活方式、精神信仰、经历体验等。但对于非裔美国人而言，非洲大陆已是遥不可及的故土，美洲大陆又是未曾真正接纳他们的所谓家园，身份认知感似乎无从谈起①。而NMAAHC的建立可以让这些离开故土、他乡已成为故乡的人群找到自己的身份和族群认同、国家认同。

（2）身份认同。

NMAAHC对博物馆自身愿景的四项支柱是这样阐释的②：

它为那些对非裔美国人文化感兴趣的人提供了一个机会，通过互动展览来探索并陶醉在这段历史当中；

它帮助所有美国人看到他们的故事、他们的历史和他们的文化是如何被全球影响并塑造和灌输的；

它探索了作为一个美国人意味着什么，并分享美国价值观，诸如复原、乐观和灵性等是如何反映在非裔美国人的历史和文化中的；

它是一个超越华盛顿特区的合作场所，吸引新的观众，并与无数博物馆和教育机构合作，这些博物馆和机构早在这个博物馆建立之前就已经探索和保存了这段重要的历史。

也可以说，博物馆的愿景表现在四个方面：一是利用记忆

---

① 秦晴. 美国国家非裔美国人历史和文化博物馆设计解析 [J]. 博物院，2020（2）：127-136.

② 资料来源：NMAAHC官网，https：//nmaahc. si. edu/。

的力量，帮助美国照亮其过去所有的黑暗角落；二是证明这不仅仅是一个民族的旅程，而是一个国家的故事；三是让博物馆成为一个灯塔，以一种合作的方式照亮其他博物馆的工作；四是全世界第一次通过非裔美国人的文化了解美国，反思非裔美国人的经历。

通常来说，博物馆针对某一特定族群的展览常常只关注内部人士对该族群的看法，但 NMAAHC 要给观众讲的故事远不止于此，它不仅包含了非裔美国人的历史和文化，还包含了这段历史如何塑造美国身份。博物馆创始馆长朗尼·G. 邦奇三世（Lonnie G. Bunch III）认为："几个世纪以来，这种努力深刻地塑造了这个国家的历史，在许多方面，非裔美国人的历史是美国历史的精髓。美国自由得以扩展的大部分时刻都与非裔美国人的经历有关。如果你对美国的自由观念感兴趣，如果你对扩大公平、机会和公民权感兴趣，那么不管你是谁，这也是你的故事。"

本书将从 NMAAHC 展览的叙事来看非裔美国人的身份认同。

展览的叙事从地下广场的历史馆开始，从一楼欢迎中心通过一个电梯到达地下三层，电梯的玻璃墙壁上有印着表示年代的数字，随着数字的变化来到 600 年前，那是非洲黑人作为奴隶被运到美洲大陆的年代。当代美国历史学家阿普尔比在《历史的真相》中提道："典型的美国国族史故事，讲的是自革命以来政治自由和经济繁荣的成功发展史。黑人虽然自 1619 年就来到英属美洲殖民地，在历史教科书里却只有模糊的影子……300多年来，白种美国人一直隐瞒黑人存在的证据，而且一直把黑人的经历排除在美国国史之外[①]。"这种美国史书写的影响既有

---

① 乔伊斯·阿普尔比，林恩·亨特，玛格丽特·雅各布. 历史的真相 [M]. 刘北成，薛绚，译. 上海：上海人民出版社，2011：254.

害又深远。它不仅使黑人产生强烈的自卑感，难以确认自己的身份，而且为一整套复杂而有巨大危害的、致力于隔离黑人和白人的法律，提供了历史合法性，用于创建和维护黑人与白人之间不可逾越的鸿沟①。NMAAHC 这一层的"1400—1877：奴隶与自由"（Slavery and Freedom）展厅（见图 4.15）从 15 世纪的非洲黑奴贸易开始讲起，历经美国内战、《解放黑人奴隶宣言》，通过个人故事的叙述，向观众解释奴隶制对美国历史的重要影响。

图 4.15　"1400—1877：奴隶与自由"展厅

从地下三层沿着坡道往上就来到了地下二层的"1876—1968：种族隔离时代"（The Era of Segregation）展厅（见图 4.16），这里记录了美国重建时期结束之后开始的民权运动。这一时期，美国黑人试图从自身的视角理解美国历史与现状，进而通过新黑人史加强自我意识、自尊和族群凝聚力，寻求作为一个集团在政治上融入美国社会的机会②。20 世纪 60 年代期间，民权斗争、城市暴

①　刘雅军. 20 世纪美国的黑人史书写及其对美国史的影响［J］. 史学月刊，2019（11）：95-116.
②　同①。

动、黑人意识运动等汇聚在一起，这个为自由而战的新阶段强调黑人应该要了解自己，要关注自己的历史。

图 4.16　"1876—1968：种族隔离时代" 展厅

再往上来到地下一层的 "1968 及以后：改变中的美国"（A Changing America）展厅（见图 4.17），这里展示了非裔美国人在美国社会、经济、政治以及文化方面的重要影响，时间跨度包括马丁·路德·金（Martin Luther King）的去世和美国总统奥巴马（Barack Obama）的连任。展览讨论了非裔美国人在 21 世纪仍然面临的阶级、性别、移民等方面问题的挑战。未来美国史和黑人史的书写，尽管尚在探索过程中，大体上仍旧会在民族国家主流价值观的框架内更多元，更具全球视野。美国国内黑白种族问题的解决，也有赖于对历史文化的新阐释。传统美国史书写中包含的主流价值观，即 "美国信条" 强调普遍价值，极富生命力和包容力，能够整合不同族裔群体的文化认同，使之归于强有力的统一的国家叙事当中①。

---

① 刘雅军. 20 世纪美国的黑人史书写及其对美国史的影响 [J]. 史学月刊，2019（11）：95-116.

图 4.17 "1968 及以后：改变中的美国"展厅

离开地下来到地面的第二层探索馆（Explore More），展厅通过展览和展品探索更多故事、影像和物体，挖掘过去、回到过去、踏上舞台、遇见先人（见图 4.18）。这里包括家族历史探索中心（Explore Your Family History Center）、非裔美国人媒体艺术中心（Center for African American Media Arts）、学习中心（Learning Center）、教室（Classrooms）、互动画廊（Interactive Gallery）、研究图书馆和档案馆（Research Library and Archives）。博物馆充分运用多媒体技术，有 10 米长的弧形触屏展品互动墙、舞蹈教学互动游戏（Join the step show）、各种触屏互动游戏等，生动好玩，寓教于乐，各年龄段的观众都能沉浸其中。在家族历史探索中心，观众可以利用博物馆数据资料库，追溯自己的祖先并构建家族树，接受专家建议学习如何保存照片、文件以及传家宝，如何收集自己的家族故事，博物馆试图帮助观众进入历史并参与历史，找到自己的族群认同。

这个互动性的、多层面的教育空间，作为历史馆、社群馆和文化馆里常设展览所涉主题的补充以及延伸，是能够帮助观众扩展视角、启发好奇和创意、增进知识的方式，与非裔美国人历史和文化产生关联并沉浸其间，这也是博物馆策展理念的

图 4.18 NMAAHC 探索馆

核心立场①。

继续往上来到第三层的社区馆（Community Galleries）（见图 4.19），这里包括开荒拓路（Making a Way Out of No Way）、地区力量（The Power of Place）、非裔美国人的军事历程（The African American Military Experience）、体育（Sports）四大板块，介绍了非裔美国人在美国历史上军事和体育方面的作用和成就，并从非裔美国人在美国地方的迁移来探讨他们的经历。展览通过展示美国各地不同时代的个人、家庭、社区和机构的不同案例，为观众构建了一个非裔美国人关于身份认知、奋斗生存、体育贡献以及为国而战的族群画像。

图 4.19 NMAAHC 社区馆

① 秦晴. 美国国家非裔美国人历史和文化博物馆设计解析 [J]. 博物院, 2020（2）：127-136.

展览的最顶层是第四层的文化馆（Culture Galleries）（见图4.20），这里包括文化表达（Cultural Expressions）、登上舞台（Taking the Stage）、音乐的十字路口（Musical Crossroads）、视觉艺术和美国经验（Visual Art and the American Experience）几大板块。在这里，黑人音乐、舞台和影视艺术、生活方式及其背后传达的身份认知以及观念态度，成为联系历史文化和社会发展的纽带，也是最能引起现代观众兴趣和共鸣的展区。

图 4.20　NMAAHC 文化馆

身份认同问题是多元化语境中文化研究的重要课题。由于历史和社会原因，非裔美国人在白人主流社会中一直处于底层，在双重身份与双重文化的矛盾中陷入身份认同的困境。NMAAHC 通过展示一段段黑人群体的历史、一个个普通黑人家庭的故事，让非裔美国人明白如何更好地认同自己的身份，也暗示了只有回归黑人民族文化，黑人才能走出身份认同的困境，实现既是美国人又是非洲人后裔的身份认同。

四、本章小结

随着学科的不断发展，在史学领域，新的学术思潮（如公众史学、新文化史①等）已经出现，书写历史的观念和方式不断更新。展览作为用实物书写历史的一种表达方式，有必要对最新的学术思潮有所汲取与反映（以往多局限于强调个体的最新藏品研究成果在展览中的应用状况，而忽视了学术思潮在整体层面上对内容设计的影响，如选题与展览结构设置）。此外，在博物馆学领域，新博物馆学批评传统博物馆学，认为传统博物馆学讨论了太多的实务运作方法，而忽略了对博物馆存在目的、核心价值的自省，以及关于其社会意义、使命责任层面上的思考。换言之，面对"如何展示"的问题，有多数的专家可以予以回答；而面对"为何展示"的问题，传递知识之必要的明确态度往往掩饰着未去深思展览终极目的的尴尬②。

鉴于此，本章从历史学（尤其是历史哲学）与博物馆学两个不同但又紧密相关的学科角度出发，结合相关案例讨论了博物馆与记忆、认同，以及博物馆历史展示的核心问题，旨在说明以下四点内容。①记忆是保存历史的重要媒介，且记忆具有选择性；②历史记忆之所以重要，就在于它能够回答"我们是谁""我们归属于哪个群体"以及"我们从哪里来、要到哪里去"的认同性问题；③现代博物馆构建历史记忆、促进地域认

---

① 卢建荣认为，后现代思潮影响当代新史学重头戏的新文化史之处，可以表现为三个核心概念，即再现、集体记忆、叙述。详情请参见凯斯·詹京斯（Keith Jenkins）. 历史的再思考［M］. 贾士蘅，译. 台北：麦田出版，2006：38.

② 张婉真. 论博物馆学［M］. 台北：典藏艺术家庭股份有限公司，2005：74.

同的主要手段是依托常设展览为其提供实物证据、真实信息以及情感支持；④好的历史展示首先侧重于对历史哲学（历史观点、历史价值）的揭示，其次还须面向当下生活、突出问题指向，并对历史的当代性有所反映。常言道，读史使人明智。这里所说的智慧绝非仅指人们通常所认为的历史知识，而更多是指一种认识论性质的反省，即人们可以通过阅读历史以积累经验，进而形成各自对于现实的反思。简而言之，记忆、认同与博物馆，三者皆因人们的当代需要而紧密相连；省级综合性博物馆作为区域社会之集体记忆的叙述者，理应担负起再现历史、促进认同的重要使命，其常设展览不仅要展示区域历史文化，还要参与历史的创造、参与当代文化的构建。

那么，在探讨了何为博物馆历史展示的核心问题（应当采取何种展示理念，以期实现何种展示目的）之后，下一章将围绕博物馆展陈领域的新动向来谈谈历史文化类展览如何展示的问题，以期为省级综合性博物馆常设展览的历史展示提供参考与借鉴。

第五章　对省级综合性博物馆常设展览的历史展示的启示与展望

本章将结合博物馆展陈领域的发展趋势来回应历史文化类展览如何展示的问题，并围绕历史展示中无法回避的一个重要议题——真实性问题——略作讨论。

前文曾提到，博物馆在选题策划阶段有两种主要的展陈取向——物件取向与主题取向。延伸至内容设计的深化阶段，这两种概念与两种典型的展陈模式——器物定位型与信息定位型——相对应，而后者还可进一步发展成为叙事性展览。对于我国博物馆界而言，"信息定位"是本世纪初期展陈模式的一次革新，而"讲故事"则是展陈领域近年来愈演愈烈的一股热潮。显而易见，若将"建构集体记忆、促进地域认同"视为博物馆展览的传播目的，那么，与器物定位相比，信息定位与叙事的设计方式会更有助于实现这一目的。

一、信息定位

早在20世纪80年代，日本学者提出了对博物馆展览传统模式的改革，认为应该让展览从表面的实质的"物"走向其背后的"人"与"事"，所有的实物展品被鲜明的主题和生动的故事线串联起来，共同叙述展览所要表现的"人""自然"或"社会"的故事，这也就是以严建强为中心的研究者所归纳出的信息定位型展览①。这与传统的"器物定位型展览"中将器物作为孤立的欣赏目标是完全不同的，似乎是背后的故事走到了我们眼前②。关于这一方面内容，在当今以台南艺术大学为中心的一部分博物馆展览设计研究者描述为展览的"去脉络化"与"再脉络化"。展品在进入博物馆展览前有其自身的原生环境，也就是有其自身的历史信息脉络，当博物馆展览设计者进行"信息定位"时，展品就已经"去脉络化"，从而用于设计者构思展览的故事线条，而后展品就被迫进入"叙事"语境，被放置在设定的文化坐标或再生场景中，扮演着"故事叙述者"，揭示着展品所蕴含的文化意义，这也就是"再脉络化"。

在严建强提出这两种不同的展览定位时，就有以李文昌为中心的研究学者提出质疑，如《博物馆有"器物定位型展览"吗？》一文中，指出所有博物馆中的展品间都是有内在联系的，也都存在一定的逻辑关系，都应该被认为是信息定位型展览，并认为博物馆不需要器物定位型展览③。此后，严建强也撰文与其讨论这一问题。严建强的观点归纳有以下几点：第一，器物之间的内在联系是必然的，并不被展览设计者左右，这样的逻辑关系并没有"去脉络化"；第二，信息定位型展览强调的是反

---

① 严建强. 新的角色新的使命：论信息定位型展览中的实物展品 [J]. 中国博物馆，2011（C1）2-9.

② 严建强. 信息定位型展览：提升中国博物馆品质的契机 [J]. 东南文化，2011（2）：7-13.

③ 李文昌. 博物馆有"器物定位型展览"吗？[J]. 中国博物馆，2012（1）：113.

映"人""自然"或"社会"的故事线条，并不是随意放置器物，依靠其内在联系就能"自然"形成的；第三，博物馆也非常需要器物定位型展览①。虽然信息定位型展览的确是从器物定位型展览逐渐发展而来的，但二者又在不同的博物馆展览中平行发展着。不同的博物馆其展览目标是不一样的，况且这种目标需求也并非博物馆展览研究人员所能决定的，还要取决于观众的意见。

因此，博物馆展览只有在一开始就确定好定位后，才能开始后续的展览设计——是要以器物为中心，还是以故事为主线？展览的定位是博物馆主题性质的先决条件。

（一）信息定位型展览的特征

信息定位型展览不同于以艺术欣赏为目的的器物定位型展览，它是有着明确的主题贯穿统领，以实物图片、造型艺术、信息传播装置的结合为载体，以信息传播为主导目的的博物馆展览形式。这种展览不止步于向观众展示展品、传授知识，而旨在向观众传播展品所持有的信息价值、展品组合所表达的特定主题，产生一种观念上的影响。器物定位型展览，以展品为导向，其展览的成功主要依靠展品本身的价值和观众的审美能力。信息定位型展览以信息传播为导向，其展览的成功与否取决于主题提炼的水平和展品信息的处理策略。

器物定位型展览的组织与运作比较简单：先由典藏人员列出拟展出的器物和相关的说明标签，再由设计布展人员将器物分门别类放置在展览空间中相关的容器里。这种展览设计与普通的室内装修差别不大，所以利用现行建筑行业中室内装修的

---

① 严建强. 从器物定位到信息定位：对《博物馆有"器物定位型展览"吗？》一文的回答 [J]. 中国博物馆，2012（2）：117-120.

相关制度即可实施。但信息定位型展览不是个别的物的呈现，而是以相对系统的故事叙述为特征。为了呈现一个地区历史的系统变化和社会生活较完整的画面，并凸显重大的历史事件和文化创造，往往采用情景再现的方式局部还原历史现象，同时采用各种视听材料进行深度的诠释与阐述。这就使得展览要素较为复杂，由实物展品、情景再现及包括视听与操作的信息传达装置共同构成。

和器物定位型展览相比，信息定位型展览的特征主要表现在以下七个方面：一是明确的主题；二是有一系列为说明主题而设定的传播目的；三是有一个帮助观众理解的故事线；四是有一个能很好揭示主题并符合观众认知要求的展览结构；五是通过对实物展品和非实物展品的合理组合，实现设定的传播目的；六是非实物展品的制作必须经过真实性的检验；七是传播目的的实现与否成为判断展览质量的依据①。

信息定位型展览中的"内容"是以文物展品为基本点，从主题思想与意义传播的方向进行阐释，由三个层次构成。第一个层次是展览主题，博物馆展览设计程序是先确定主题，后组织文物展品，主题是统帅展览的灵魂、精髓和核心。第二个层次是展品及展品组合，它们是展览用于传递知识信息的载体，是展览与观众交流的主体，这一点也是博物馆区别于其他知识信息传递机构的本质特性。文物和展品之间的内在联系与排列组合关系统一在主题的旗帜下。第三个层次是图片、文字、数据及其他辅助展品，它们是传递信息的辅助载体或信息本身，其内涵与主题相吻合，用于强化主题，补充并解释文物展品

---

① 严建强. 信息定位型展览：提升中国博物馆品质的契机［J］. 东南文化，2011（2）：7-13.

信息①。

　　信息定位型展览中的"形式"是针对文物展品组合、展览环境营造、建筑空间色设计、色彩灯光运用、文字大小及风格确定等形式的综合性策划，在以下五个方面有所呈现。第一，展览在形式表达的基础上，从强化主题的角度出发，通过对文物展品组合关系及其局部环境的设计，进一步揭示文物展品的内涵，对内容进行进一步解读；第二，对图片、数据及文字等辅助内容进行形象化设计，增加其对陈列主题的表达效果；第三，合理利用现代声光电及多媒体设备等现代技术，从而加强文物展品及其组合的信息表达功能；第四，利用艺术装置设备在展厅营造出展览主题所需要的背景氛围，并为观众创造出与主题相关的，具有审美体验的参观环境，减轻观众的心理疲劳；第五，对展览进行布局，为观众设计出最佳参观路线和最佳参观视角，缓解观众的生理疲劳②。

　　湖州市博物馆的信息定位型展览"吴兴赋：湖州历史与人文陈列"的主题是"山水交融、人文和谐"，第一部分"清远山水"和第二部分"历史概览"将有关湖州山水环境与历史变迁作为陈列的一个地理与历史背景阐述，重点通过第三部分"富庶湖州"展示湖州的经济和人文，以及湖州人的灵气、财气和文气，诠释湖州"交融""和谐"的历史文化魅力。展览将湖州历史与人文解构为主题模式，地方独特的民俗风物成为单元主题，摆脱拖沓繁复的编年式展示，将历史时空作为背景，浓墨重彩地展示地方特色与亮点。

　　常州博物馆常设展览"常州"故事亦未采用王朝编年的传统展示方式，也没有按社会史中的生活化门类进行单元区分，

---

① 沈佳萍. 信息定位型主题展览策划研究 [D]. 上海：复旦大学，2008.
② 同①。

而是抓住不同时期常州历史发展最具特色、最具影响的历史事件、人物和社会现象，将它们按观众熟悉的时间顺序进行故事编排，形成一个具有整体性、系统性和故事性的构架。在整个框架中，所有单元内容都以片段式、碎片式情节组合为阐释模式，例如圩墩人的贵族墓地、古越人的争霸之战、六朝帝王家、茶山古道间的宋代文人以及傲于民间的明代市民等，仿佛观众从常州的青果巷走来，看遍常州龙城的传说。

（二）信息定位型展览的发展趋势

当代我国综合性博物馆展陈设计中的信息定位型展览呈现出五大趋势。

1. 主题展代替珍品展的性质趋势

珍品展是以文物欣赏或鉴赏为目标，"古、多、精、美"是策展人设定的文物信息传递要旨，历史事件以时间线性的表征形式出现。主题展则以符号意义的传播为目标，具有统一的展览叙事题旨。题旨引导策展人进行历史事件的选择和故事的编排，而文物则配合叙事情节以史实物证、语境元素或互动模型的角色出现。

21世纪以前，中国的历史博物馆陈列以"展现精美文物"为通用规约，涌现大量"文物精品展""文物大展""文物集萃"等展览。它们强调文物的艺术符号，以文物表征来吸引观众的眼球，了解中华文化的博大与繁荣。进入新世纪，我国沿海一带的主题展览开始增多，这类展览要求将文物和历史事件相结合，共同作用于主题意义的阐释和传播。例如，"十大精品陈列"中的"王后·母亲·女将——纪念殷墟妇好墓考古发掘四十周年特展"，就以女性的视角，将后现代思潮影响下的新博物馆学之展示伦理作为展览内容阐释的入口，从而讲述"殷墟妇好墓"背后关于"巾帼英雄"的主题故事。再如，"动·境——中国古代体育文物展"的主题是"由动静入意境",将中国古代体育的动静韵律与其升华后的人文情怀、处世哲学相结合,体现中国传统文化独有的意蕴。更有特殊者,其名看似为"珍品展",内核却是"主题展"。又如,"熠熠青铜,光耀四方——秦晋豫冀两周诸侯国青铜文化展",标题似乎以"青铜器"为展示对象,但细观其内容则是透过两周时期青铜器文物表征来讲述各分封诸侯国之间的文化碰撞、交流与融合的主题故事。此外,主题展览更是让观众参与到展览"叙事进程"中,成为历史或文物语境中的一员。观众从观看历史到体验历史,其对展览的认知效率得到了明显提高。

2. 语境阐释逻辑代替符号分类逻辑的结构趋势

中国历史类展览阐释结构离不开"三线",即代表特定历史时间与历史空间的"时空线";代表展览阐释思维、发展规律和情节安排的"逻辑线";代表文物表征符号和内在含义的"文物线"。20 世纪中期,中国历史博物馆以"时空线+文物线"的展览叙事方式打响结构设计的"第一枪",成为传统中国历史类展览的标杆,对后世产生深刻影响。例如,1952—1956 年,中国国家博物馆推出不同"朝代"的考古发掘品陈列,再按照文物质地分类展示馆藏文物;首都博物馆在 1981 年开展的基本陈列"北京简史陈列"中,以年代为顺序展示了不同时代北京地区丰富的物质文化遗存。20 年后,随着传播学对博物馆展览设计的影响,观众成为展览认知的核心,"概念设计"应运而生,逐渐成为展览叙事的基础工作。"概念设计"是策展人叙事思维的体现,是区别于"时空线"和"文物线"的另一种主线架构方式,被称之为"逻辑线"。

展览"逻辑线"按照策展人的叙事规则,分为三类:第一类是历史进程发展逻辑,即以历史发展客观规律为逻辑线索,体现新旧时代的更替;第二类是表征符号分类逻辑,即以考古学中的类型学研究为基础，将文物按照艺术符号或使用符号的不同进行分类，从而体现历史进程中物质文化的丰富性和多样性；第三类是主题语境阐释逻辑，即策展人基于历史发展的客观规律，在特定的主题语境下开发主观的逻辑思维活动，在演绎、归纳、类比等推理过程中实现原创的逻辑思维方式。上海市历史博物馆以各个历史时期的上海城市发展的重要节点作为展示对象，强调"新旧时代"的更替，是"时空线+历史进程发展逻辑+文物线"的主线设置形式。北京大葆台西汉墓博物馆的基本陈列以文物质地作为单元分类方式，是"时空线+表征符号分类逻辑线+文物线"的主线设置形式。西汉南越王墓博物馆基本陈列"南越藏珍——西汉南越王墓出土文物陈列"以考古遗址发掘出土的文物研究成果作为展览叙事的基础，从"帝印"证实墓主人身份，到"玉器"证实墓主人的生前地位，再到墓内殉葬情况与生活用品类随葬品，证实墓主人及其所在南越地区西汉时的丧葬文化，是"时空线+主题语境阐释逻辑线+文物线"的主线设置形式。

3. 环境体验代替艺术鉴赏的目标趋势

"珍品展"向"主题展"的转移，也是"考古出土物艺术鉴赏"向"历史社会语境阐释"展示目标的转移。于是有学者提出问题："欣赏文物还是欣赏语境？"① 从唯物辩证法的角度上看，二者融合才是最合适的设计观念。这样的观念以"环境阐释"为核心，要求策展人在展厅中营造良好的"文物生态环境"，即在历史语境中阐释文物，也透过文物看到更广阔、深入的历史背景。环境阐释是展览叙事进程中独具特色的"陈列语言"，是一种叙事时空整体性的表现，具体在历史类展览中表现

---

① 卢文超. 是欣赏艺术，还是欣赏语境？当代艺术的语境化倾向及反思[J]. 文艺研究，2019（11）：28-36.

为"考古原境""历史场景""修辞语境"。

第一种是考古原境式环境阐释。为了满足观众的文化需求，当代历史类展览对考古遗迹的展示不再是图片和文字的罗列，而是营造"原境"。有的博物馆将不可移动的"遗迹所在土坑"复原至展厅，有的将考古发掘现场的探方、地层和出土物位置进行复原，让观众可以了解文物的出土环境及断代方式等考古学基础问题，还有的将整个考古工作场面复原在展厅中，观众不仅能见到探方、地层、遗迹、遗物，还能见到考古工作者、考古工具和发掘现场。第二种是历史场景式环境阐释。策展人依据历史学、考古学、民族学等学科研究成果，在展厅中对主题涉及的重点历史场景进行"原境复制"，尽可能地让观众"亲临"历史"现场"。例如，长江文明馆的"长江之歌，文明之旅"展览为了展示长江文明发源地的生态多样性，放弃传统的小型山水艺术造景，制作了大型的"长江生态环境体验区"，展厅空间能够放下一个小型"森林"，"森林"中有"河流"，有不同种类的"动物"和不同种类的"植物"。"动物"们是动态地"栖息"在树上、河流中、山坡上的，"植物"有着因海拔和水源导致的颜色变化。这是"三维"多感官性阐释方式，让观众在参观体验中真正身临其境。第三种是修辞语境式环境阐释。成都金沙遗址博物馆中以"堆积如山"的碎陶片阐释新石器时代的金沙先民较高的文明水平，此处使用夸张的修辞手法为观众带来视觉震撼。此博物馆在对古蜀先民的早期宗教思想进行展示时，还以投影的形式放大考古出土的青铜祭祀人像，以幽暗的灯光、垂降的纱网营造出庄严、神圣的氛围，让观众从常用的视觉注意力转移到听觉、触觉和温觉之中，从而打破博物馆感官效应的传统局限，这是对通感修辞手法的运用。首都博物馆"王后·母亲·女将——纪念殷墟妇好墓考古发掘四十周年特展"以展厅壁纸、帷幔和珠帘等细节的变化比喻妇好在人生不同阶段的个人成就与历史意义——通过"红色帷幔和竹帘装饰面"来展现作为"王后"的妇好在深宫的样态、通过"麻绳垂挂的'结绳记事'"来展现作为母亲的妇好养育子女时的辛劳、通过"红色经幡式挂帘"来展现作为"女将"的妇好披荆斩棘和不畏艰险的巾帼精神。这是对隐喻修辞手法的运用。二里头遗址博物馆的展厅中筑造了符合夏朝建筑特点的"陶器仓储",展示夏朝民众生活的一角,观众透过此展项似乎能望见远古时期"炊烟袅袅、五谷丰登"的景象,这是对提喻修辞手法的运用。长江文明馆将考古出土曾侯乙编钟和两架古典钢琴实物进行对比展示,观众可以了解"曾侯乙编钟只比现代钢琴的音域略少一个八度左右,其诞生年代却比钢琴早两千多年"的重要信息,从而突出古代长江流域极高的音乐艺术造诣,这是对对比修辞手法的运用。在秦始皇帝陵博物院的"平天下——秦的统一"展览中,策展人围绕"秦始皇平定天下"的史实在序厅为观众罗列了五个问题,引起观众注意,让观众带着"问题"与"任务"参观展览主体内容。众多博物馆观众调查结果显示:观众对具有"问题式前言"的展览主题认知效率比具有"总结式前言"的展览主题认知效率要高很多,这是对设问修辞手法的运用。

4. 动态故事代替静态描述的话语趋势

历史类展览在"主题展"主导地位的驱动下,开始走向以"环境阐释"为中心的叙事区间。在此区间中,展览叙事呈现动态化与故事化的倾向,一改传统历史类展览对历史事件和文物形态的静态文字描述形式。此倾向与当下文化发展所要求的"文物'活化'"与"文明'活化'"相适应。例如,内蒙古博物院的"大辽契丹——辽代历史文化陈列"在回溯契丹人的起源时,根据文献记载以短片动画的形式展现了"青牛白马""三主"等传说故事;在展示辽代"四时捺钵"的治国方针时,策展人没有延续传统历史展对古代国家政策的文字或图片阐释形式，而是在文献与考古材料的基础上对人物设定、场景选择、故事推进等方面发挥了"合理化的想象"，编写了契丹人实施"四时捺钵"制度的生动故事，力求在无限接近史实的同时，为观众营造轻松、愉快的参观体验。河南博物院的"谁调清管度新声——丝绸之路音乐文物展"不满足于将灵动的音乐"困在"静止的展柜中，认为古代乐器需要有人的演奏，才能真正"活"起来。于是策展人在展厅中复原了音乐演出场景，再现古代丝绸之路上充满异域风情的音乐。观众在视觉与听觉的双重感官体验中构筑了一个回响千年的音乐世界。

此外，针对中国古代名画的动态化、故事化展示已成为众多博物馆与文化设计公司争相涉足的领域。除动画外，虚拟现实（简称"VR"）与增强现实（简称"AR"）技术在展览叙事的过程中也开始扮演重要角色。例如，对《清明上河图》的展示，开封市博物馆的"八朝古都，千载京华——开封古代历史文化展"设置了画卷式长屏，使汴河桥上清明节前后的繁忙生活景象都"动"起来，像是一部纪录片，细致而生动；故宫博物院策划的"清明上河图3.0"展览融合4D动感影像营造多层次交互沉浸体验空间，观众在各个音乐章节的串联中，以第一人称视角体验汴京的众生百态。又例如对《富春山居图》的展示，过去的传统展览大多关注《剩山图》和《无用师卷》的千里合璧，而当下以青鸟新媒体艺术团队为代表的策展方开始重点关注展览叙事的"古今对话"——以数字3D动画的当代视觉影像和20世纪集锦摄影拼贴文化山水的艺术表现形式对《富春山居图》做一临摹，虚拟呈现富春江四季的变幻和古今交错的精致。观众透过地面流觞观画的互动体验，进入画中山水，成为长卷中的人物，连接古典情景。

5. 多元媒介组合代替单一媒介组合的传播趋势

历史类展览中的展品和辅助展品皆为媒介，不管是文献记载的历史事件还是考古出土的珍贵文物，不管是艺术造景式历史场景复原还是虚拟化沉浸式体验场景，都是以展览题旨为导向，在叙事过程中对主题意义进行阐释和传播的"陈列语言"。传统博物馆展览多以"文字＋图片＋文物"的单一式媒介组合来展示古代历史文化，三者均为事实型记录类媒介，虽具有绝对的"史证"权威，但缺少参与度、体验感和故事性。当代历史类展览在此基础上，发展了以虚拟型模仿演示类媒介和虚拟型参与演示类媒介为代表的综合媒介系统，表 5.1 为博物馆展览的媒介分类。

表 5.1　博物馆展览的媒介分类

叙事时态	综合媒介
过去完成时	事实型记录类：文献、文物、照片、口述历史材料等
	虚拟型记录类：绘画、书法、小说、诗歌等
过去进行时	事实型记录演示类：摄像、录音、访谈、纪录片等
	虚拟型记录演示类：电影、戏剧等
现在进行时	虚拟型模仿演示类：艺术造景、考古原境复原、历史场景复原等
	虚拟型参与演示类：人机交互展项、角色扮演体验等

许多历史类博物馆在展览叙事中实现了多种媒介的综合，增加了观众的参与度，提高了主题信息的传播效率。例如，"江汉泱泱，商邑煌煌——盘龙城遗址陈列"对武汉地区出土的商周时期铜兵器的展示运用了"事实型记录类＋虚拟型参与演示类"媒介，铜刀、铜剑、铜戈、铜镞等文物是事实型记录类媒

介，一旁等比例仿制的"硬纸板青铜兵器"用于观众观看、触摸、敲击等互动体验，是虚拟型参与演示类媒介。二者同时调动了观众的视觉、触觉、嗅觉、听觉等感官知觉，增强了观众的参观兴趣。又例如在"多彩贵州"展览中，策展人基于民族学研究材料以艺术造景的形式复原了贵州历史上传统的银饰打制场面，生动而形象；再配上"叮当小银屋"的人机交互游戏，使观众可以在游戏中"云制"银器，了解苗族银器的种类和制作工艺，实现高效的体验学习。"多彩贵州"展览运用的是"虚拟型模仿演示类媒介+虚拟型参与演示类"媒介。

二、展览叙事

我国博物馆界最初对展览叙事话题的关注，始于想要解决展览同质化困境的诉求。20世纪的最后20年，中国博物馆的发展进入快速增长期。但在该阶段兴建起的绝大多数地方中小型博物馆均为无主题博物馆（或称地名主题博物馆），其基本陈列的展示模式难以突破传统的文物陈列与教科书式的地方通史陈列。面对博物馆展览"千馆一面、无趣无味"的现实状况，在从收藏政策与展览策划（包括内容文本编写与展览形式设计）两个角度进行成因分析之后，研究者们提出，讲述本地特色历史文化故事的展陈方式将会成为地方博物馆实现展览个性化的最佳选择。这方面的代表性文章包括《文化解读与历史陈列的个性化》（严建强，2000年）、《彰显个性有效传达——以常州博物馆历史陈列策划与设计为例》（严建强，2006年）、《讲述当地的故事——<吴兴赋：湖州历史与人文陈列>筹划的理念与特色》（陆建松，2006年）等。

此后，受"叙事转向"学术思潮影响，叙事理论作为一种基础的理论范式日益受到历史学、人类学、民族学等多学科的重视。博物馆界不甘其后，也提出要借助叙事学的视角来加深对博物馆文化的研究。这方面的代表性文章包括《博物馆的媒介优势——结构主义叙事学视角的博物馆展览试析》（刘佳莹、宋向光，2009 年）、《历史类展览的时空与节奏——结构主义叙事学的视角》（刘佳莹，2012 年）、《历史陈列的叙事学模型解读与建构——从内容设计到展览表现》（刘佳莹、宋向光，2017年）、《博物馆叙事方式刍议》（舒丽丽、陈建明，2012 年）等。

再到博物馆提出了"建构记忆、促进认同"的教育目标之后，展览策划的本质就被理解为了代表社群梳理与叙述关于过去的故事。这方面的代表性文章包括《博物馆与记忆》（严建强，2011）、《博物馆与集体记忆——知识、认同、话语》（燕海鸣，2013）、《纪念与记忆：创伤叙事的策展建构与诠释——以东亚社会各慰安妇主题纪念展览为例》（王思怡，2017）、《论博物馆语境下的创伤记忆表征美学——"真实在场感"的内涵及展示策略》（马萍、潘守永，2017）。

与此同时，在从"以物为中心"到"以人为中心"的博物馆转型背景下，观众的实际需求已日益成为博物馆一切工作的出发点。为了增强观众参观博物馆的兴趣与动力，按照非正式教育的要求来提升博物馆的展示水平也随之成为当今博物馆界的又一普遍共识；而说故事式的展陈方式恰恰投观众所好，有助于博物馆实现其非正式的教育功能。2014 年，陆建松发表的《博物馆展示需要更新和突破的几个理念》一文中就明确强调：今天的观众喜欢说故事式的展览方式，因此作为非正式教育手段的博物馆展览有必要将"文物和史迹""知识和信息"融入情节性、故事性的展览中，用说故事的技术组织展览的内容，进而实现展览与观众之间知识、观点、信息、感觉和价值的沟通。2015 年，宋向光在其发表的《博物馆展陈内容多元构成析》一文中同样谈道：自 20 世纪中期开始，研究人员发现观众将参观博物馆视为一项休闲活动看待，此后博物馆展陈便开始有了要"讲述一个完整有趣故事"的自我要求。2016 年，陆建松出版《博物馆展览策划：理念与实务》一书。书中，他将国际上的博物馆展览分为两大类型：一是以欧洲为代表的以审美为导向的文物艺术品展览模式；二是以美国为代表的叙事型主题展览模式①。后者之所以会以叙事型展览为主，在作者看来有两大原因：第一，美国历史相对短暂，文化积淀不够丰厚；第二，美国文化的实用主义追求，尤其是在 20 世纪 70 年代之后，休闲文化与娱乐经济兴起，博物馆为了吸引更多普通观众，越发强调展览要讲故事，且所讲故事还要尽可能地通俗易懂、有趣好看。最终，美国模式凭借其良好的视觉效果、阐释能力与现场感，在配合公众智性休闲和文化旅游方面收效颇丰，因此在日本、东南亚以及中国博物馆界被逐渐推广开来。

也就是说，中国博物馆界对叙事型展览的看法并不统一。作为一种新生事物，大家对它的界定还很含混。在部分学者眼中，叙事型展览就是信息定位型展览的一个别称；但另一部分学者却认为，叙事型展览中的"叙事"是引自叙事学的他学科专业术语，它应该有自己独特的概念内涵，它应当与此前的"信息定位"有所区别。笔者赞同后一种看法，故将其称之为"叙事性展览"（"叙事性"是"叙事"的衍生概念，也是叙事学界的核心术语之一）。但不管怎样，相对于"建构记忆、促进认同"这一传播目的，叙事性展览也许比信息定位型展览更为适用（叙事性展览应当作为信息定位型展览的一个下位分支概念来理解，即它是一种特殊类型的信息定位型展览）。

---

① 陆建松同时指出，两种模式在欧美并非绝对对立，即在美国也有欧洲模式的展览，在欧洲也有美国模式的展览。

（一）叙事性展览的界定

在界定"叙事性展览"之前，需要首先澄清何谓"叙事"。

叙事学界提出，"叙事"可被拆解为"叙"与"事"两大部分，对于前者叙事学界无任何异议。所谓"叙"，即用媒介（主要是指语言媒介）来再现发生于特定时空中的事件。但对于后者，除去"叙事必须涉及两个或两个以上的事件或状态"①这一基本共识之外，叙事学家们对所叙之事的界定则往往看法不一。其分歧之处主要集中在以下两点：①事件之间的因果关系是否构成认定叙事的必要条件；②叙事是否必须卷入人物以及在何种程度上卷入人物。不同叙事学家对"事件"的不同理解促成了"叙事"本身的多样性，而跨学科的概念迁移则会进一步加剧展览场域中"叙事"一词的模糊性。但若什么都是叙事，那么也就消解了叙事。对于博物馆而言，叙事只是传播的手段而已，它理应为"建构记忆、促进认同"的教育目标而服务。那么，如果我们采取"叙事无处不在，一切都是叙事"的泛叙事观立场，就不利于把握叙事的本质要素，从而也就不利于发挥出叙事之于博物馆展览传播目的的应有效用。

有鉴于此，来自广义叙述学的看法更加值得参考。广义叙

---

① 叙事学家杰拉德·普林斯曾提出：一个最短小的故事是仅仅关于两种状态和一个事件的叙述；一种状态在时间上先于事件，而这一事件又在时间上先于另一种状态，并且导致后者的发生；而后一种状态又构成了与前一种状态相反的方面（或者改变，包括"零"改变）。详情请参见〔美〕杰拉德·普林斯. 叙述学词典［M］. 乔国强，李孝弟，译. 上海：上海译文出版社，2011：76.

述学①，实为广义的符号叙述学，它将叙事学视作符号学分支看待，着重处理符号学诸原理在叙事学中的应用问题，旨在探索一切可用于"讲故事"的符号文本的共同特征。它拉通了所有叙事体裁来进行跨类别对比研究，所以更有助于澄清叙事的本质要素。

广义叙述学提出，任何叙述都应符合如下底线定义：一个叙述文本应当包含由特定主体进行的两个叙述化过程。这两个叙述化过程是指：①某个主体把有人物参与的事件组织进一个符号文本中；②此文本可被接收者理解为具有时间和意义向度②。对此定义，我们可以通过以下六大要素来理解这一概念。

①符号文本，该概念是理解叙事文本的基础。通常情况下，符号总是以组合的形式共同出现，而"文本"就是对由这些符号组合而成的"合一的表意单元"的一个专门称谓。换言之，叙事文本就是加上了"叙述主体""人物""事件"三个限定词的符号文本。

②叙述主体，它意在将叙事文本与无发送主体的自然符号文本相区别，即包含情节的叙事文本只会出自某人的主观建构，而绝不会由自然客观生发而成。哪怕最初是一个自然符号文本（如星象），但当其被接收者（如古代政治家）构筑（含想象）出一个发送主体（如上苍）时，它就随之转变成了一个叙事文本。

③人物，该概念包含拟人的动植物及其他物质。叙事中的

---

① 广义叙述学出自符号学家赵毅衡。作者之所以用"叙述"取代"叙事"一词，是为了与其文中所讨论的其他概念（如陈述、描述等）形成对照，共同组成一个可比较的术语系列。但作者承认，"叙事"与"叙述"是一对同义词，且前者的称谓在中国学术界已成习惯。本书沿用学界的惯常提法，但在引述赵毅衡的观点时会保留"叙述学""叙述化"等原词，以示尊重。

② 赵毅衡. 广义叙述学［J］. 成都：四川大学出版社，2013：7.

人物指"有灵之物"，即要求其经历必须具有一定的伦理取向。例如，讲"熊猫历经生态变化（事件）而死亡"，这不是叙述而是科学报告或新闻报道中的陈述；但讲"熊猫因山上不长竹子（事件）而悲伤"，这就是叙述，因为它符合人性，此时熊猫才被称作故事人物。再如广告中的护肤品，如果单讲其有效成分就只是陈述；但若讲它为了更好地保护人类皮肤（某种伦理目的）而"甘愿"改变自己的成分（事件），那么这条广告就有了叙述，护肤品也就随之成为了故事人物。简而言之，广义叙述学将"人物"视为区分叙述与陈述的关键要素。

④事件，该概念强调的是在时间变迁中状态的变化。变化，即意味着至少存在先后两种不同的状态。在这一点上，符号学与叙事学的基本观点保持一致。

⑤情节，该概念被视为所有文本叙事性的共通来源。关于"情节"的定义，叙事学界迄今未有共识，而广义叙述学则把它视为一个介于"事件"与"故事"之间的中位概念。简要地说，情节是被叙述出来的卷入人物的事件，事件是情节最基本的构成。二者的本质区别在于，事件发生在经验世界里而非符号文本中，事件本身不是叙事的组成单元，只有经过媒介化再现之后，事件才变为情节的单元；反之，情节只存在于媒介化的符号文本中而不能出现在现实生活的经验世界里。因此，"情节"就涉及了两个不同的操作层面：第一，事件的选取——说什么；第二，事件的叙述方式——如何说。另一方面，所有叙事都有情节（无论强弱），但一个叙事文本却不一定有故事；情节是故事的基础材料，故事是有头有尾、有起承转合的情节。

"情节"还可进一步被拆分为不同的构成要素，而"时间——因果"与"逻辑——道义"是其中的关键环链。广义叙述学提出，二次叙述化的重点不仅在于接收者能够理解文本传播的信息，更在于接收者能够追溯出故事情节的意义，而对意义的把握就关系到了接收者对上述两对环链的文本再建构。必须指出的是，这并不意味着"二次叙述化"能够给予任何文本以叙事性。诚然，叙事学界的确存在着这样一派观点：叙事性，与其说是文本固有的品质，不如说是读者强加于文本的特征；读者视文本为叙事，从而将其进行叙述化处理。但此类看法显然夸大了读者的阐释能力，就实际情况而言，任何二次叙述都不可能将一个完全没有叙事性的文本转变成一个真正的叙事文本。

⑥阐释社群，该概念指向接收者（即二次叙述的主体）在社会文化层面上的集体共性。阐释，是一个动态概念。它若无标准，则原文本开放，并可无限衍义；它若有标准，则能让研究者进一步讨论文本结构以及叙事过程中的表意特征。毕竟，任何叙事研究所能追究的都不是一种极端个人化的相对主义情景，而是如斯坦利·费什所建议的，一个社会文化中的"阐释社群"在接收文本时所大致遵循的共同解读规律①。

综上，广义叙述学认为：一个叙事文本的成立必须历经两次叙述化的过程，前者发生在文本的构筑阶段，包含了"符号文本""叙述主体""人物""事件"四大要素；后者则发生在文本的接收阶段，主要涉及"情节"与"阐释群体"两大概念。此处对"叙事"的界定就将采用广义叙述学所提出的底线定义；由于暂不讨论展览叙事的强弱之别，故仅在属性层面上使用"叙事性"一词。

就叙事性的属性而言，当展览信息整体的组织方式符合广义叙述学所给出的"叙述的底线定义"时，我们说，这是一个（内容层面上的）叙事性展览；反之，即便该展的某一局部完全

---

① 斯蒂芬·李特约翰. 人类传播理论［M］. 史安斌，译. 7 版. 北京：清华大学出版社，2004：223-224.

符合这一底线定义，抑或该展在整体层面上具备了这一底线定义当中所蕴含的个别叙事元素（如人物、事件、叙述者、接收者、情节等），我们也只能将其视作非叙事性展览看待。

与此同时，在展览叙事本质问题的界定上，形式大于内容。毕竟，判断某物是展览而非其他（如书籍、影片等）的根源在于形式而不在于内容。从其区别于其他机构的传播学特征来看，"博物馆是一个以空间形态为特征的视觉文化传播机构"① 已是国内外博物馆界的普遍共识之一。也就是说，博物馆的展览语境规定：信息应以三维立体的视觉形象作为其最主要的传播载体，且这一视觉形象既要形成体系，又要具有空间上的广延性。博物馆展览还是一个多元媒介的复合体，其构成要素可被拆分为以下九种不同类型：物品、文字、图画、影像、语音、音乐、光线、室内建筑构件、展陈设备以及由后两者所塑造出来的空间。最为重要的是，博物馆展览自身的传播语言（展览形式设计的精髓）是"陈列语言"②。由此可知，如果一个展览所传播信息的组织方式在整体层面上符合叙述的底线定义；同时，该

① 严建强. 论博物馆的传播与学习 [J]. 东南文化，2009（6）：100-105.
② 博物馆界对"陈列语言"这一关键术语的阐释各有不同，但就现有共识而言，可以总结出以下几点。①陈列语言具有非言语性，这就排除掉了作为自然语言的文字与语音；同时，就图像语言来看，相较于二维图像（又可细分出静态图像和动态图像，前者如绘画，后者如银幕；还有介于动静之间的特殊形式，如幻灯片），三维静态图像才是陈列语言的构成主体所在。②"复原"（又可细分出全复原、半复原、象征式复原三种不同类型）是博物馆陈列语言的核心概念，无论是通过给予物品组合以一定的时空序列，抑或为其还原出一个合理的使用情境。③就陈列语言的层次与范围而言，其核心内涵是真实物品之间的组合以及其与辅助材料的配合，中间层是具有相当独立表达能力的各种人造景观与模型，最外层则体现为对烘托展览气氛的光线、色彩、材质等其他背景元素的处理。④陈列语言的优势在于，其直观的视觉形象（物的自行表达能力）一方面降低了由不同语种或不同文化水平而带来的观众理解门槛，另一方面它还能表达出言语文字所无法呈现的事物结构与艺术感受。

信息的主体部分又以物品与空间作为媒介载体，并通过陈列语言的表达方式加以传播；那么，我们就说，这是一个真正意义上的叙事性展览。换言之，某一展览即便在内容层面上具有叙事性，但若其主体叙事信息并非以物品和空间为媒介，也不经由陈列语言来传播；那么，这样的展览同样不能被划归到叙事性展览范畴。

简而言之，为了确保"叙事性展览"这一概念的独立性，建议设立较为严苛的判定标准，即当展览信息整体的组织方式符合叙述底线定义所提出的全部要件，同时展览信息的主体部分又以物品与空间作为媒介载体，并通过陈列语言的表达方式加以传播，此时，我们就说，这是一个真正意义上的叙事性展览。也就是说，对"叙事性展览"的判定是以整体信息为对象，以博物馆的传播学特征为基础；反之，无论是在哪一个层面上稍有缺失，都不能被归属为"叙事性展览"范畴。由此，该概念在继承"信息定位型展览"主体内涵的基础上，又通过更为细致严苛的标准界定实现了与"信息定位型展览"的区分。

（二）叙事性展览的设计与范例

1. 内容设计阶段

具体而言，叙事性展览的设计可以分为内容设计阶段和形式设计阶段两大阶段。

在内容设计阶段，对展览叙事性的分析是以陈列方案（或称展览脚本、内容文本）作为对象载体。更为准确的说法是，设计者对展览叙事性的建构主要作用于"前言与结语""部分、单元、组的文字说明""展品、辅助展品的文字说明"以及"数字媒介中的文字说明"这四种不同类型的内容文本及其相互关系之上。

要解决"陈列方案中的'叙事'究竟发生在哪里"这一关

键问题，必须从局部与整体两个不同层面来进行逐一分析，并且"局部"本身还可进一步被细分为微观（作为一个最小的文本存在，其内部只有句式之分）与中观（作为一个稍大的文本存在，其内部还可再区分出不同的微观文本）两个不同的层面。

（1）在微观的局部层面，对文本叙事性的建构主要落实在其内部的句式之上。当博物馆试图将某个单独的文字说明文本作为设计对象时，藏品信息转变为叙事文本的唯一方法就是：用更多的"叙述句"来组织信息，并确保这一句式类型能够在数量上占据该文本的绝对主导地位。

（2）在中观的局部层面以及展览的整体层面，设计者对文本叙事性的建构则聚焦到了组与组、单元与单元、部分与部分之间的逻辑关系之上。此时，设计叙事文本的要义便在于满足以下内容：①确保人物之于全文本的同一性，无论故事的主人公是群体还是个体，是真实存在还是虚拟创设；②确保文本最高层次的逻辑主线是时间轴；③确保文本内容能够体现人、事、物状态的发展变化；④确保各结构（组与组、单元与单元、部分与部分）之间具有因果关系。因此，无论是在局部层面还是在整体层面，对文本叙事性的再设计都必须首先基于该文本内容叙事本身的成立。

2. 形式设计阶段

在形式设计阶段，展览对展览叙事性的建构则是以物品组合与参观动线为对象载体。其中，对前者的讨论主要集中在同一个展项的内部（微观局部层面），而对后者的讨论则聚焦于一段较长的展线（中观局部层面）以及展线全程（展览整体层面）。

（1）设计者以器物的组合陈列来实现局部叙事的要义在于表征人物（含拟人）和表征动态。

具体来说，有这样三种途径可以实现文本对"人物"要素的表征：①通过蜡像、雕塑、模型等辅助展品直接表明人物的整体存在；②通过展示人物的某一局部来指代其整体存在；③通过展示器物上的某些残留痕迹来暗示其过往存在。

至于文本对"事件"与"因果"要素的表征则必须借由事物状态的变化来实现，而观众对后者的认知又建立在动态意象的基础之上。概括来说，设计者可以通过以下两种手法来表征动态：①直接在空间—静态的器物组合中加入时间/时空—动态媒介，如语音、声响、音乐、影像；②通过美术技法来赋予静态实物以动态意象，如莱辛在《拉奥孔》中所提出的视觉艺术的"最富于孕育性的顷刻"。第一种手法作用于一次叙述化阶段，其展示的动态意象可被观众明确感知；第二种手法则作用于二次叙述化阶段，其对动态意象的揭示有赖于观众的个人联想。虽然联想能力本身的确会存在个体差异性，但在更大程度上它还是取决于观众共通的日常经验以及他们的文化习惯。

（2）此外，设计者以动线规划来实现中观局部叙事以及展览整体叙事的要义则在于：用单向的单一线性设计来表征叙事的自然时序，并对观众施以因果关系的暗示。

下面，本书将对博物馆界公认的叙事性展览的典型案例——"记住孩子：丹尼尔的故事"（以下简称"丹尼尔的故事"）略做介绍与说明。

"丹尼尔的故事"是美国华盛顿大屠杀纪念馆一楼展厅北侧的一个特展。最初，它是专为 8 岁以上儿童设计的一个参观时长约 45 分钟的临时展览，但自 1993 年开展之后，该展长期深受广大观众欢迎，所以一直陈列至今。

该展所述故事的主人公——小男孩丹尼尔，并非一个真实存在的历史人物，但其经历是由展览设计者基于第二次世界大战时期 150 万苦难犹太儿童的共同命运和集体记忆所杂糅创作而成。在"丹尼尔的故事"一展中，人物是虚构的，但事件情节却是真实存在的。

该展的陈列方案只有两个层级，高一层级针对的是一系列的复原场景，低一层级则是丹尼尔的日记以及相关的视频与音频资料。该展的每一个场景之中都包含了一篇日记，而整本日记就串联起了该展的所有场景。换言之，该展组织全部信息的最高层级的逻辑主线是传统的时间序列（从 1933 年至 1945 年），而其具体内容则是从小男孩丹尼尔的视角出发，依次表现为如下情节：纳粹上台之前一家人温馨平静的生活；"水晶之夜"以后厄运降临，丹尼尔在学校受人排挤，他和身边的犹太同伴遭遇歧视、霸凌，他和家人被驱逐到阴暗狭小的犹太人隔离区，不久之后又被赶到纳粹集中营；最终，家人被害，丹尼尔独自幸存。

也就是说，无论是整体层面还是局部层面（日记是用第一人称视角记述而成），该展览的内容叙事均成立。因为它包含了"符号文本"（展览）、"叙述主体"（策展人）、"人物"（丹尼尔及家人）、"事件"（被纳粹迫害）、"情节"（包含了因果与道义）、"阐释群体"（观众）这些构成叙事文本的基本要素。

在形式设计层面，该展入口处有一箭头标志的指示牌，告知观众即将进入"丹尼尔的家"；绿色的树林、温暖的灯光，展示了轻松明快的氛围。推门进入之后，观众置身的第一个场景是对丹尼尔居家环境的展示：衣柜里整齐的衣服、室内堆放的图书玩具、收音机里传出来的广播以及孩子们嬉戏玩耍时的朗朗笑声……所有的展示细节都在告知观众，丹尼尔一家在纳粹上台之前所享有的温暖平静生活。接下来，该展示氛围开始逐渐凝重。设计者专门模拟了一条当时的商业街，街上所有店铺的橱窗玻璃都被设计为砸毁状态，以此影射恶名昭著的纳粹"水晶之夜"。然后，场景切换成一个阴暗狭小的隔离区，它与第一个场景中丹尼尔所居住的干净整洁大房子形成鲜明对比；此时，观众同样可以去自行探索那些被设计者刻意隐藏起来的小细节，如丹尼尔妹妹的箱子里就藏着一件缝制有"黄色六芒星"的小衣服，这是当年纳粹强迫所有犹太人在任何场合都必须佩戴上的身份标识。最后，场景又切换到了纳粹集中营，设计者以"实物＋背景画＋数字视频"的组合来揭示丹尼尔一家所遭遇的残酷对待。由于该展是专为儿童观众而设计的，其表达方式相对隐忍含蓄，如设计者用满地被遗落、再也不会有人去认领的行李箱来暗示众多犹太人生命的丧失。

　　简而言之，"丹尼尔的故事"一展的最大特色就在于，它完全摒弃了"展柜＋文物＋说明牌"的传统陈列手法，转而采用"一系列的复原场景＋可触摸的辅助展品"（其中的一小部分展品印有文字，如日记本、告示等）来讲述 1933 年至 1945 年间一个德国犹太男孩从幸福美满到跌落深渊的生命历程。从叙事的角度来看，虽然观众全程未见丹尼尔及其家人，但通过对其生活中各种遗留痕迹的参观，很容易就能在二次叙述化的过程中实现文本对"人物"要素的表征；同时，该展中的每一场景即为一个故事事件，它们前后相继、因果分明，场景与场景之间遵循了单一线性的叙事逻辑，即以场景套场景的接续方式实现了形式层面上的整体叙事。值得注意的是，该展对单一线性叙事逻辑的贯彻并未深入到各个场景内部，但就展示效果来看，即便赋予观众各场景之内参观的充分自主性（该展设计者鼓励观众在各场景之中来回穿梭、自由探索），也丝毫无损于其二次叙述化之于展览文本的叙事再建构。一言以蔽之，"丹尼尔的故事"一展是一个真正意义上的叙事性展览。

三、历史展示的真实性问题

　　围绕历史展示与博物馆历史教育的关系，本书就信息定位型展览与叙事性展览中辅助展品①的应用，对博物馆展览的真实性问题展开讨论。

严建强认为，一件文物从被留存、到被发掘、再到被收藏进入博物馆，是一个偶然性层层叠加的过程；而信息定位型展览与"有什么就展什么"的器物定位型展览不同，它旨在揭示区域文化本质特征之余，还要实现对地方历史发展脉络的整体叙述。也就是说，故事叙述对系统性、完整性的要求与馆藏文物不充分、不均衡的现状之间的矛盾，是每一个信息定位型展览的策展人都必须要面对的问题。对此，严建强提供了两种解决方案：其一，用高仿品代替所缺失的文物；其二，用"情景再现"（或称场景复原）重构还原已消失的历史现象或事件。本书以为，这两种做法乍看上去不过是一种对辅助展品的应用手法，但其实际地位与作用却已经超出了严建强先生自己当初对"辅助展品"的理解与规定。在严建强先生看来，辅助材料是指展览中的非实物展示材料，它们是为了帮助观众更好地认识实物展品，加深对陈列主题思想的理解而专门制作的②。严建强先生同时指出，辅助材料的制作应该遵循某些原则，一个最基本的要求是，辅助材料的设计必须切合实物，忠实地服从于展览主题和实物展品的表达，恰如其分地做好配角③。也就是说，虽然"辅助展品"顾名思义指的就是它的辅助功能，但是其辅助的对象究竟是谁，却是一个不断发展变化的概念。在传统意义中，辅助展品是不能脱离文物本体而独立存在的，由于博物馆中的文物已经完全脱离了当时的历史文化语境，在展览中仅靠

---

① 笔者将辅助材料、辅助展品、辅助展项等视为同一范畴的概念，本书都用"辅助展品"一词进行指代。

② 严建强. 博物馆的理论与实践 [M]. 杭州：浙江教育出版社，1998：235-236.

③ 同②。

物体本身的力量很难自明其意，所以需要人为地制作出各种辅助展品来增强文物的表达能力，以帮助观众理解认知。但在信息定位型展览中，由于策展理念已经实现了"由物到事"的转化，这时再来看辅助展品，与其说它辅助的是文物的自我表达，不如说它辅助的是故事的完整叙述。因此对博物馆的历史展示而言，这类独立展示的辅助展品在揭示文化意义、表现主题思想等方面，与文物起着雷同的作用，并一改初始时期的绝对配角地位。于是，这就牵出了另外一个问题，如果说现代人为制作出来的辅助展品都能独立担当起故事叙述者的角色，那么这样的展览，它的真实性何在？博物馆中的"物"是否就等同于博物馆中的"真实"？

严建强认为，随着现代展示技术的进步，博物馆展览已由原先单纯强调"器物的真实"发展到了要表达"现象的真实"。项隆元则提出要将博物馆陈列的真实视为历史真实（或称科学性的真实）与艺术真实（或称艺术性的真实）二者的结合。他认为，二者结合的可行性在于科学与艺术的关系看似区别对立，实则本质相通；倘若归结到思维本源上去，即为逻辑思维与形象思维的关系，而对于一个正常的人类大脑来说，虽然左右半球各司其职，但工作运转起来，两种思维却是相辅相成，互为配合。其结合的必要性则在于博物馆对历史真实的单纯展示（多为展品加说明文字式的陈列）不一定能够成功唤起观众对历史的真实感受，但一些艺术性的加工再创作，由于直接诉诸感官，反而更加容易激发出观众身临其境的现场体验感，如全景画、比如情景再现等。项隆元还以美国芝加哥菲尔德自然历史博物馆对兵马俑的展示①为例，借此说明陈列真实比历史真实更具有自主性。此外他还分享了某博物馆关于旧时代民众生活的展示案例②，借以说明陈列真实在展陈创作上的一大重要特征——以有限反映无限。浙江大学研究生陈哲在其老师的相关研究基础上，将展览的真实性进一步细化，分为展览中实物的真实性、展览内容的真实性以及展览形式的真实性三大部分。其中，他又将实物的真实性分为"实体性"与"原真性"两个层面。所谓"实体性"，是指一切实物本身所具有的三维物理形态，是相对于"虚"的真实而言；所谓"原真性"，既是指其作为历史遗留下来的原始物件，具有相对于赝品与复制品的真实，又指其携带了真实客观的历史信息。在上述分类的基础上再来看信息定位型展览，不难发现其所追求的真实，追根到底还是信息的真实，即展览所叙述的内容是历史事实。至于如何来叙述这一真实的内容，是依托文物本身的真实，还是借助辅助展品的艺术真实，则是下一阶段需要考虑的问题。

回到前文中严建强所说的两种解决方案，第一种解决方案是在展览中使用高仿替代原件（需要注明，此为仿品）进行展示，其之所以能够成立的逻辑有两点。首先，本馆所展示的信

①　该馆为六个陶俑和五个陶马所做的陈列设计，在反映秦兵马俑坑的外在历史面貌时，虽然尽量照顾到秦兵马俑坑的外在历史真实，比如透明镜面玻璃柜的高度与秦俑坑的深度基本保持一致，所铺垫的泥土也同秦俑坑的黄土土质类似等；但是策展人通过对镜子的巧妙运用，六个陶俑和五个陶马在反复不断的折射中却呈现出了千军万马的浩荡气势，让远在异国他乡的观众产生了置身于秦俑坑边沿的真切感受。该项设计在业内广受好评，被称为"博物馆陈列语言的精彩范例"。

②　该馆希望展览能够反映出本地区旧时代时期"通货膨胀、民不聊生"的历史史实，而策展人仅设计了一个将大面额"法币"作为普通酱油瓶瓶塞的实物组合，借用艺术的象征手法便成功达成了这一传播目的。参考文献：项隆元. 论博物馆陈列的真实性特点与原则：陈列语言与博物馆教育研究之三［J］. 中国博物馆，1995（2）：24-29，87.

息是真实的；其次，能够证明这条信息真实性的物件也是客观存在的，只是，很遗憾，它不在本博物馆中。第二种解决方案是使用"情景再现"（无论展示中有无原物，其场景设计都必须以科学可靠的研究成果为依据）重构还原已消失的历史现象或事件，同样是在保证信息真实的前提下，意图通过精心的艺术创作、逼真的视觉效果来唤起观众对历史的真切感受与共鸣。一言以蔽之，博物馆展览的真实性应当既包括历史物件、历史信息层面上的"客观真实"，又包括艺术创作、观众欣赏层面上的"主观真实"。由此引出的另一个问题则是，如果我们太过追求不依赖于本馆实物的信息的真实，并积极采用艺术创作来实现主观的真实，那么，是否会动摇博物馆"凭实物说话"的传统优势（博物馆与电视、书籍等其他传播媒介相比的一个最大区别便是它的"实物性"）和展示根基（藏品是展览形成的基础和倚仗）呢？

史蒂芬·康恩（Steven Conn）在《博物馆是否还需要实物?》一文中列举了一些发生在美国历史类博物馆中值得注意的现象。例如，新建的博物馆更为关注与观众精神层面的沟通对话，强调激发博物馆的"心理治疗潜能"，通过向观众提供各种体验以帮助他们实现自我提升，即馆方追求对观众心灵和精神的影响要胜过对观众头脑的影响；此外，新建的博物馆有的是主题而不仅是收藏，他们以各种老式和新式的电子形式，运用语言和图像，而不是展品来传达价值观，而不是传达知识，即这些博物馆的成功并不依赖于对实物的展示，展品在多数情况下只能作为他们的二级策略。而产生这些现象的原因可能在于，新建的博物馆对实物本身持有怀疑——实物可能无法讲述博物馆需要它们讲的故事，而只能讲述它们自己的故事……总之，康恩认为，展示技术的发展、公众需求的变化和博物馆社会功能的扩大化，都将引发其对实物处理方式的变化，并最终导致博物馆实物功能的弱化。如何来看待这种"弱化"？本书认为可以从博物馆教育的视角出发来探讨分析这个问题。

19世纪中叶，受工业化进程和大众社会形成的影响，欧洲地区的人们开始关注成年劳动者劳动素质的提升问题，"社会教育""民众教育"的理念相继诞生，一些学者和社会团体要求发挥学校之外的其他社会教育机构的作用，而博物馆便居其中。彼时博物馆的定位主要着眼于用实物来辅助与弥补学校教育中"书本知识"的不足，因此博物馆又被人称为"第二课堂"。进入20世纪下半叶，随着"终身教育"理念的提出，博物馆教育的独立性逐渐增强。此后，博物馆作为区别于学校的"非正规教育机构"，其社教功能便成为人们判断和衡量博物馆现代化程度的一个重要指标。美国博物馆界提出了"藏品是博物馆的心脏，展示和教育是博物馆的灵魂"① 的说法，国内也有学者主张"博物馆教育是贯穿博物馆一切工作的基本主题"②。而展览与教育一体两面，展览承担了博物馆教育的核心任务，是博物馆服务社会大众的最重要途径之一，时下更有教育性展览的提法。

在西方学者看来，展览累积的信息超过60%的幅度，则说明该展览已经具备了教育型展示的标准。宋向光先生对教育性展览则有如下理解：教育性展览以影响观众的行为和观念为主要目的，根据特定观众的条件和需求，运用多种手段，使观众了解、理解博物馆传播的知识和观念，达到增强观众学习能力、改变行为方式、加强或更新观念的目的。他还认为，与宣示性展览、欣赏性展览不同，博物馆教育性展览具有向特定教育对

---

① 修·杰诺威斯，琳恩·爱尔兰. 博物馆行政 [M]. 林洁盈，译. 台北：五观艺术管理有限公司出版，2007：338.

② 宋向光. 博物馆教育是贯穿博物馆一切工作的基本主题 [J]. 中国博物馆，1996（4）：40-45.

象，传播特定信息、主题导向和注重实现特定教育目的的特点①。那么，也许我们可以这样认为：随着博物馆社会教育功能的加强，陈列展览对主题取向、信息定位的要求将会日益明确起来；随之而来的便是实物展品（主要由于文物本身的局限性②）逐步退出原来在博物馆智识结构中所占据的中心地位，而辅助展品的功能则将越发引人注目。在某种程度上可以说，辅助展品本身就是博物馆教育功能出现后的、展览现代化进程中的一个产物。而在坚持科学性与艺术性辩证统一的设计原则③下，人们更看重辅助展品之于展览叙事的积极作用。无论馆藏的多寡，辅助展品在常设展览中地位的提升，已是一个不争的事实，如国家博物馆在"古代中国"（最新一版的中国通史陈列）的策展中便将其与文物置于同等重要的位置④。也就是说，在实现博物馆教育目标的前提下，"适度"削弱展览中实物的地位，是目前展览策划的一种发展趋势。

至于这个"度"该如何来把握，这既是一个见仁见智的问

---

① 宋向光. 博物馆教育性展览的特点及相关问题 [J]. 中国博物馆，1999（1）：43-49.

② 关于"文物的局限性"，姚迁先生大致列举了六种情况。参考文献：姚迁. 辅助展品在陈列中的地位和作用 [M] //中国博物馆学会. 博物馆学论集（一）. 北京：文物出版社，1983：151-153.

③ 辅助展品设计的基本原则之所以是科学性与艺术性的辩证统一，是因为如果没有科学性，辅助展品便失去了其存在的价值；如果没有艺术性，辅助展品就没有了观赏作用，吸引不了观众，也就失去了教育的目标。参考文献：国家文物局、中国博物馆学会编. 博物馆陈列艺术 [M]. 北京：文物出版社，1997：198.

④ "古代中国"的设计者曾说："我们承认文物复制品、模型、地图、示意图、数据、文献、摹绘、雕刻、照片等辅助展品的使用，是由于文物的局限性和陈列形象化的要求，甚至承认这类辅助展品在表现陈列主题思想、说明问题实质等方面，与文物有着同等重要的地位、起着同样的作用。"参考文献：陈成军. "古代中国"基本陈列内容设计与陈列博物馆化 [J]. 中国国家博物馆馆刊，2013（1）：11-19.

题，又需要具体问题具体分析。本书认为，首先需要明确的是，展览毕竟是博物馆的展览，而博物馆的传播方式是对物件的呈现，即所有的展览涉及的概念都需要存在于物件之上，不管是馆藏文物还是承载了真实信息的辅助展品。如果博物馆通过展品表达的概念太过抽象或者太过复杂，以至于不能用具体的物件来表达时，那么就不太适合博物馆展览这样的"物化"的表达方式，在展览的选题环节也就应当被剔除出局。其次，对于信息定位型展览或叙事性展览而言，其想传达的重要信息若能有与此相应的实物支撑自然最好不过，若没有，则应想方设法用其他展示手段来弥补表达，而非舍弃此条重要信息不谈；但是，如果该展所想传达的信息全部或者绝大多数都无法获得本馆的实物支撑，已经发展到了辅助展品将挤走博物馆实物展品的地步，那么这样的常设展览的展示策略也是反常识的。目前的状况是，绝大多数学者都坚持博物馆的本质特征是实物，并认为"任何机构如果根本不利用物品，或者没有把藏品用作主要的信息传达工具，不论其性质如何，都不是博物馆"①。而对于国内的展陈来说，多数博物馆特别是社会历史类还是处在以实物为中心的阶段，服务社会最主要的手段依然是展陈且以历史性叙事陈列为主，所以实物弱化的现象并不明显②。即便是指出博物馆实物弱化现象的史蒂芬·康恩本人，最终也还是肯定了实物之于博物馆的特殊意义，他认为，"博物馆（总有一些）也许再也不需要实物了，但是离开实物，我们会错过欣赏带来

---

① 史蒂芬·康恩. 博物馆是否还需要实物？[J]. 傅翼，译. 中国博物馆，2013（2）：2-22.
② 同①。

的愉悦和惊喜"①，"也许，直到世界末日，物品依然重要"②，因此，就国内的展示现状而言，在展览中使用高仿替代原件进行展示和使用"情景再现"重构还原已消失的历史现象或事件，这两种办法都只能被视为缓解前述矛盾的带有补救色彩的展示策略。而解决该问题的最佳方法或者根本性措施还是在于博物馆对收藏目标的前瞻性考量，即该馆是否能够根据自身的合理定位、肩负使命、发展规划等，建立起一个具有良好叙事价值的收藏群。

至于展览的教育目标，对省级综合性博物馆常设展览的历史展示来说，仅让观众获取关于某些历史遗物、历史人物、历史事件的相关知识的教育终究是浅显的，而真正有深度的教育则是让观众了解某些历史观念、历史价值，或者说让观众获得历史意识。所谓历史意识，用周建漳先生的语言描述，即是"超越个体在当下现在中的沉沦，置身于一个更广阔和更深远历史上下文的透视关系中，获得某种鸟瞰性的超越视野"③。以通史类展览为例，暂将观众群体粗分为本群体与他群体，那么，一个成功的展览则应当能够为本群体的身份认同与地域认同，同时也为他群体对另一群体的关注与包容，提供充足的实物证据、真实信息以及情感支持。展览应当试图通过帮助观众梳理、构建长期的、有条理的、有逻辑的历史记忆，让其明白"我们/他们自何处来"，由此确定"我们/他们是谁"，甚至还有可能明确"我们/他们将往何处去"。而若想顺利达成这一传播目的，

---

① 史蒂芬·康恩. 博物馆是否还需要实物？[J]. 傅翼，译. 中国博物馆，2013（2）：2-22.

② 史蒂芬·康恩. 博物馆与美国智识生活，1876-1926 [M]. 王宇田，译. 上海：上海三联书店，2012：281.

③ 周建漳. 历史及其理解和解释 [M]. 北京：社会科学文献出版社，2005：118.

博物馆的历史教育则不应当仅仅停留在让人"知"（知其然）的层面上，而应当重视如何让人"思"（在知其所以然的过程中，有可能会引出观众对历史的反思）。总之，博物馆历史教育的根本目的应当是指向当下与未来的，因此，展览对历史中所包含的因果（广义）关联的揭示也应当是突出而清晰的。正所谓"前事不忘，后事之师"，让眼睛与心智都能看见的历史展示更应当是成功且值得追求的。

四、本章小结

结合博物馆展陈领域的发展趋势，本章对当今博物馆界备受瞩目的信息定位型展览与叙事性展览进行介绍与说明，从其缘起、特征、设计方式、相关案例以及发展趋势来看，这两种展览类型（尤其是后者）更为适宜达成"建构集体记忆、促进地域认同"的展览传播目的。无论是对局部展品的解读，还是对历史整体的表述，"信息定位"与"叙事"都会比其他的展示方式更系统且有深度。因此，信息定位型展览与叙事性展览能够在"如何展示"的问题上，为省级综合性博物馆常设展览的历史展示提供一种值得参考与借鉴的理念与路径。

结　语

　　甄朔南先生曾说，博物馆是社会的自我表达。宋向光先生在梳理近代公共博物馆发展的历史轨迹时指出：公共博物馆产生的初衷是收集文物、传递知识；工业革命推动它参与民众的社会教育；当代经济全球化引发文化同质化危机，博物馆被要求参与文化的多样性保护，而文化的多样性则需要通过文化群体的历史文化表达体现出来①。从知识的传递到历史文化的表达，在与时代环境的互动中，博物馆的展示任务不断发生变化。本书在此背景下重新审视省级综合性博物馆常设展览的历史展示问题，并提出如下看法：

　　（1）"构建集体记忆、促进地域认同"是省级综合性博物馆在享受政府政策支持的同时理应承担起的责任与义务。但就常设展览的类型现状来看，博物馆在经历"综合性"向"专门性"（历史类博物馆）的转变之后，又出现了"艺术转向"的隐忧（文物艺术类展览的比重最大），这就导致其所传递的信息量与其所承担的社会责任不相称、不对等。

　　（2）通史类展览作为最易完成上述任务的常设展览类型，其历史展示目前又多停留在传播知识的层面，面临着思想深度与感染力不足的现实问题。究其原因，一是对常设展览本身的

---

　　① 宋向光. 公共博物馆的发展轨迹：从知识构建到文化表达 ［J］. 中国博物馆，2013（1）：44-48.

认识有待提高，二是博物馆内容设计缺少历史哲学的关照。

针对上述问题，本书提出三点建议。

（1）在博物馆的社会定位方面，省级综合性博物馆在不放弃"知识殿堂"角色的同时，应将"论坛"视为其未来发展的一种选择。展览通过对本地历史文化的梳理与建构，以激发不同代人对同一段历史的讨论与沟通，帮助观众开拓观照当下与未来的历史视角。

（2）在常设展览的认知方面，博物馆应将其视作博物馆核心概念结构、叙事线或论述的一部分，认识到常设展览的本质特点在于它所传达及沟通的能够反映博物馆性质与任务的核心概念、价值和知识；同时，作为省级综合性博物馆"构建集体记忆、促进地域认同"的主要手段，常设展览担负着为其提供实物证据、真实信息以及情感支持的重要任务。

（3）在历史展示方面，展览作为用实物书写历史的一种表达方式，针对其思想深度与感染力不足的问题，有必要从历史哲学的角度去思考、解决。参考克罗齐、沃尔什、安克斯密特等多位历史学家的哲学思想，本书认为：历史展示需要具备当代性和问题指向，需要揭示隐藏在时间性中的历史性，需要实现历史证据（实物、信息）个体的客观真实性与常设展览整体的主观创造性的有机结合；而上述展示目的的实现，则要求策展人重视内容设计初始阶段的概念设计，重视展览故事线发展的叙事逻辑，以及重视辅助展品对信息的表达能力与历史展示的教育意义。

总之，历史展示的本质在于与现时生命的思维性沟通，其影响力在于叙事对生活的塑造作用。省级综合性博物馆作为区域社会之集体记忆的叙述者，担负着再现历史、促进认同的重要任务，其常设展览不仅要展示历史文化，还要参与历史的创造，参与当代文化的构建，而致力于社会教育的信息定位型展览与叙事性展览则有利于这一任务的实现。

　　本书的不足之处在于，虽然本书作者已经认识到了"展览"与"陈列"二者之间的观念差异，也认识到了博物馆展览双向的传播特性，但本书对博物馆展览内容设计的探讨仍然更多的是基于传播者的立场（所谓的"专家视角"），而非出于对广大观众具体需求的考虑（所谓的"观众视角"）。究其原因在于，对后者的细致了解需要建立在充分的观众调研、展览评估（尤其是前期评估）的基础之上，而这一点也正是作者期望在未来探索的方向。

参考文献

一、专著

[1] 阿瑟·丹图. 叙述与认识 [M]. 周建漳，译. 上海：上海译文出版社，2007：3.

[2] 陈新. 历史认识：从现代到后现代 [M]. 北京：北京大学出版社，2010：6.

[3] 大卫·迪恩. 展览复合体：博物馆展览的理论与实务 [M]. 萧翔鸿，译. 台北：艺术家出版社，2006.3.

[4] 蒂莫西·阿姆布罗斯，克里斯平·佩恩. 博物馆基础 [M]. 郭卉，译. 3 版. 南京：译林出版社，2016：120-132.

[5] 国际博物馆协会. 博物馆学关键概念 [M]. 张婉真，译. 巴黎：Armand Colin 出版社，2010：27-29.

[6] 国家文物局，中国博物馆学会. 博物馆陈列艺术 [M]. 北京：文物出版社，1997：198.

[7] 海德格尔. 存在与时间 [M]. 陈嘉映，王节庆，译. 北京：三联书店，1987：442.

[8] 韩震，董立河. 历史学研究的语言学转向：西方后现代历史哲学研究 [M]. 北京：北京师范大学出版社，2008：350-351.

[9] 韩震，等. 历史观念大学读本 [M]. 北京：中国人民大学出版社，2008：6.

［10］黄洋，陈红京. 博物馆陈列展览设计十讲［M］. 上海：上海交通大学出版社，2019：188-195.

［11］杰拉德·普林斯. 叙述学词典［M］. 乔国强，李孝弟，译. 上海：上海译文出版社，2011：76.

［12］凯瑟琳·麦克莱恩. 如何为民众规划博物馆的展览［M］. 徐纯，译. 屏东：台湾海洋生物博物馆，2001：36，56.

［13］凯斯·詹京斯. 历史的再思考［M］. 贾士蘅，译. 台北：麦田出版，2011：38.

［14］柯林伍德. 历史的观念［M］. 何兆武，张文杰，译. 北京：中国社会科学出版社，1986：69，220，224.

［15］克罗齐. 历史学的理论和实际［M］. 北京：商务印书馆，1982：2，31，68.

［16］肯尼斯·哈德逊. 有影响力的博物馆［M］. 徐纯，译. 屏东：台湾海洋生物博物馆，2003：161.

［17］李欧梵. 寻回香港文化［M］. 桂林：广西师范大学出版社，2003：16-19.

［18］利科. 解释学与人文科学［M］. 陶远华，等译. 石家庄：河北人民出版社，1987：231.

［19］陆建松. 博物馆展览策划：理念与实务［M］. 上海：复旦大学出版社，2016：16-18.

［20］迈克·费瑟斯通. 消解文化：全球化、后现代主义与认同［M］. 杨渝东，译. 北京：北京大学出版社，2009：127-130.

［21］帕特里克·博伊兰. 经营博物馆［M］. 国际博物馆协会中国国家委员会，中国博物馆学会，译. 南京：译林出版社，2010：137.

［22］皮埃尔·诺拉. 记忆之场：法国国民意识的文化社会史［M］. 黄艳红，等译. 南京：南京大学出版社，2015.

［23］乔纳森·福斯特. 记忆［M］. 刘嘉，译. 南京：译林

出版社，2016：8-10.

[24] 申丹，王丽亚. 西方叙事学：经典与后经典 [M]. 北京：北京大学出版社，2010：2.

[25] 史蒂芬·康恩. 博物馆与美国智识生活：1876—1926 [M]. 王宇田，译. 上海：上海三联书店，2012：281.

[26] 斯蒂芬·李特约翰. 人类传播理论 [M]. 史安斌，译. 2 版. 北京：清华大学出版社，2004：223-224.

[27] 王宏均. 中国博物馆学基础 [M]. 上海：上海古籍出版社，2001：246.

[28] 王晓明，陈清侨. 当代东亚城市新的文化和意识形态 [M]. 上海：上海书店出版社，2008：21-24.

[29] 修·杰诺威斯，琳恩·爱尔兰. 博物馆行政 [M]. 林洁盈，译. 台北：五观艺术管理有限公司，2007：338.

[30] 徐乃湘. 博物馆陈列艺术总体设计 [M]. 北京：高等教育出版社，2013：37, 66.

[31] 严建强. 博物馆的理论与实践 [M]. 杭州：浙江教育出版社，1998：230-236.

[32] 扬·阿斯曼. 文化记忆：早期高级文化中的文字、回忆和政治身份 [M]. 金寿福，黄晓晨，译. 北京：北京大学出版社，2015.

[33] 余剑峰. 博物馆展陈设计 [M]. 南京：江苏科学科技出版社，2014：54-55.

[34] 张婉真. 当代博物馆展览的叙事转向 [M]. 台北：台北艺术大学，远流出版公司，2014.

[35] 张婉真. 论博物馆学 [M]. 台北：典藏艺术家庭股份有限公司，2005：74.

[36] 赵毅衡. 符号学：原理与推演（修订本） [M]. 南京：南京大学出版社，2016：42.

［37］赵毅衡. 广义叙述学［M］. 成都：四川大学出版社，2013：7-11.

［38］中国大百科全书出版社编辑部. 中国大百科全书：文物·博物馆［M］. 北京：中国大百科全书出版社，1992：41.

［39］周建漳. 历史及其理解和解释［M］. 北京：社会科学文献出版社，2005：118.

二、论文集

［1］北京博物馆学会. 策展：博物馆陈列够构建的多元化维度［C］. 北京：中国书籍出版社，2012：3，6，64.

［2］国家文物局博物馆司. 博物馆建设思考答卷［C］. 北京：文物出版社，2003：107.

［3］中国博物馆协会，宁波博物馆. 21世纪博物馆核心价值与社会责任［C］. 北京：科学出版社，2010：47.

［4］中国博物馆学会. 博物馆学论集（一）［C］. 北京：文物出版社，1983：151-153.

［5］中国博物馆学会. 回顾与展望 中国博物馆发展百年：2005年中国博物馆学会学术研讨会文集［C］. 北京：紫禁城出版社，2005：387.

三、学位论文

［1］陈亚萍. 论地方历史展览的特色与个性：兼谈文化地理学在地方历史文化解读中的意义［D］. 杭州：浙江大学，2007.

［2］陈哲. 论博物馆展览的真实性［D］. 杭州：浙江大学，2009.

［3］方苏晨. 博物馆展览文本结构研究：以地方历史博物馆为例［D］. 上海：复旦大学，2011.

［4］沈佳萍.信息定位型主题性展览策划研究［D］.上海：复旦大学，2008.

［5］严枫.地方综合性博物馆基本陈列展览主题与内容定位的研究［D］.上海：复旦大学，2008.

［6］周安翠.博物馆主题展览叙事研究［D］.南京：南京师范大学，2016.

［7］朱煜宇.博物馆陈列语言之情境构建研究［D］.上海：复旦大学，2014.

四、期刊文章

［1］本刊评论员.把历史的内容还给历史［J］.历史研究，1987（1）：77-78.

［2］陈成军."古代中国"基本陈列内容设计与陈列博物馆化［J］.中国国家博物馆馆刊，2013（1）：11-19.

［3］段勇.关于我国博物馆若干概念的思考［J］.中国博物馆，2010（1）：14-16.

［4］兰维.文化认同：博物馆核心价值研究［J］.中国博物馆，2013（1）：20-25.

［5］李文昌.博物馆有"器物定位型展览"吗？［J］.中国博物馆，2012（1）：113.

［6］李晓欣.香港地区博物馆与社区身份认同研究：以"香港故事"为个案［J］.美术馆，2008（2）：99-118.

［7］廖昌胤.当代性［J］.外国文学，2012（3）：99-106，159.

［8］刘佳莹，宋向光.博物馆的媒介优势：结构主义叙事学视角的博物馆展览试析［J］.博物馆研究，2009（4）.

［9］刘佳莹，宋向光.历史陈列展览的叙事学模型解读与建构：从内容设计到展览表现［J］.中国博物馆，2017（2）：119-125.

［10］刘佳莹. 历史类展览的时空与节奏：结构主义叙事学的视角［J］. 中国博物馆，2012（3）：84-89.

［11］卢文超. 是欣赏艺术，还是欣赏语境？当代艺术的语境化倾向及反思［J］. 文艺研究，2019（11）：28-36.

［12］陆建松. 讲述当地的故事：《吴兴赋：湖州历史与人文陈列》筹划的理念与特色［J］. 中国文化遗产，2006（6）：30-33.

［13］罗塞尔·B. 奈伊. 人文科学与博物馆：定义与联系［J］. 梁晓艳，译. 中国博物馆，2000（3）；22-27.

［14］马丁·辛兹. 博物馆和创造力［J］. 东南文化，2013（6）：6-8.

［15］马萍，潘守永. 论博物馆语境下的创伤记忆表征美学："真实在场感"的内涵及展示策略［J］. 中国博物馆，2017（1）7-13.

［16］欧阳宗俊，胡雪峰，等."展望"：新中国博物馆陈列展览60年（1949—2009）［J］. 中国博物馆，2009（3）：20-75，77.

［17］彭刚. 叙事主义史学理论概说［J］. 历史研究，2013（5）：32-42.

［18］尚必武. 西方文论关键词：叙事性［J］. 外国文学，2016（6）：99-109，159-160.

［19］史蒂芬·康恩. 博物馆是否还需要实物？［J］. 傅翼，译. 中国博物馆，2013（2）：2-22.

［20］舒丽丽，陈建明. 博物馆叙事方式刍议［J］. 湖南省博物馆馆刊，2013（00）：637-643.

［21］宋向光. 博物馆教育是贯穿博物馆一切工作的基本主题［J］. 中国博物馆，1996（4）：40-45.

［22］宋向光. 博物馆教育性展览的特点及相关问题［J］. 中国博物馆, 1999 (1)：43-49.

［23］宋向光. 陈列内容设计文本的特点及编写［J］. 中国博物馆, 2008 (1)：47-54.

［24］宋向光. 促进"认同"是当代博物馆的重要任务［J］. 东南文化, 2011 (4)：9-13.

［25］宋向光. 当代博物馆的社会责任［J］. 中国博物馆, 2012 (4)：47-50.

［26］宋向光. 公共博物馆的发展轨迹：从知识构建到文化表达［J］. 中国博物馆, 2013 (1)：44-47.

［27］宋向光. 历史博物馆陈列主题的内涵与解读［J］. 中国博物馆, 2006 (2)：62-70.

［28］王芳. 活力与故事的力量：美国博物馆联盟 2013 年年会纪实［J］. 中国博物馆, 2013 (3)：122-126.

［29］王思怡. 纪念与记忆：创伤叙事的策展建构与诠释：以东亚社会各慰安妇主题纪念展览为例［J］. 中国博物馆, 2017 (1)：14-22.

［30］项隆元. 论博物馆陈列的真实性特点与原则：陈列语言与博物馆教育研究之三［J］. 中国博物馆, 1995 (2)：24-29, 87.

［31］严建强, 邵晨卉. 地方博物馆：使命、特征与策略［J］. 博物院, 2018 (3)：70-78.

［32］严建强. 博物馆与记忆［J］. 国际博物馆（中文版）, 2011 (1)：23-31.

［33］严建强. 论博物馆的传播与学习［J］. 东南文化, 2009 (6)：100-105.

［34］严建强. 文物解读与历史陈列的个性化［J］. 中国博物馆, 2000 (4)：46-50.

［35］严建强. 新的角色新的使命：论信息定位型展览中的实物展品［J］. 中国博物馆, 2011（C1）2-9.

［36］严建强. 信息定位型展览：提升中国博物馆品质的契机［J］. 东南文化, 2011（2）：7-13.

［37］严建强. 彰显个性有效传达：以常州博物馆历史陈列策划与设计为例［J］. 文物世界, 2006（3）：35-37.

［38］燕海鸣. 博物馆与集体记忆：知识、认同、话语［J］. 中国博物馆, 2013（3）：14-18.

［39］殷曼楟. 从见证之物到形象：论国有博物馆体制叙事立场的转变［J］. 学术界, 2015（12）：52-60, 325.

［40］郑奕. 如何讲好博物馆故事［J］. 国际博物馆, 2016（1-2）：94-99.

［41］周建漳, 赖勇龙. 试论历史存在的故事性［J］. 史学理论研究, 2010（1）：53-65, 158-159.

五、报纸文章

［1］陆建松. "诊疗"博物馆展览工程管理之展览文本［N］. 中国文物报, 2005-3-18（5）.

［2］陆建松. 突出地域特点彰显文化优势：马鞍山市博物馆展览内容策划的理念［N］. 中国文物报, 2009-8-7（10）.

［3］宋向光. 历史类博物馆"艺术转向"的隐忧［N］. 中国文物报, 2011-7-27（5）.

［4］赵春贵. 铸魂：散评山西博物院大型陈列"晋魂"［N］. 中国文物报, 2006-5-26（6）.

六、电子资源

［1］安徽博物院官方网站. 常设展览［EB/OL］.（2021-02-04）［2021-03-01］.https://www.ahm.cn/Exhibition/BList/cszl.

［2］重庆中国三峡博物馆，重庆博物馆官方网站.常设展览［EB/OL］.（2021-02-04）［2021-03-01］.http：/www.3gmuseum.cn/web/item/findleftitemByitemnoCenter.do？itemno=23&itemsonno=24.

［3］福建博物院官方网站.固定陈列［EB/OL］.（2021-02-04）［2021-03-01］.http://www.fjbwy.com/node_9.html.

［4］甘肃省博物馆官方网站.基本陈列［EB/OL］.（2021-02-04）［2021-03-01］.http://www.gansumuseum.com/zl/list-55.html.

［5］广东省博物馆官方网站.展览［EB/OL］.（2021-02-04）［2021-03-01］.http://www.gdmuseum.com/gdmuseum/_300730/_300734/index.html.

［6］广西壮族自治区博物馆官方网站.基本陈列［EB/OL］.（2021-02-04）［2021-03-01］.http://www.gxmuseum.cn/a/exhibition/11/index.html.

［7］贵州博物院官方网站.基本陈列［EB/OL］.（2021-02-04）［2021-03-01］.http://www.gzmuseum.com/zl/zzzc/202003/t20200304_53158321.html.

［8］海南省博物馆官方网站.基本陈列［EB/OL］.（2021-02-04）［2021-03-01］.http://www.hainanmuseum.org/hnbwgcms/node/250.

［9］河北博物院官方网站.常设展览［EB/OL］.（2021-02-03）［2021-03-01］.http://www.hebeimuseum.org.cn/channels/12.html.

［10］河南博物院官方网站.基本陈列［EB/OL］.（2021-02-03）［2021-03-01］.http://www.chnmus.net/sitesources/hnsbwy/page_pc/clzl/jbcl/list1.html.

［11］黑龙江省博物馆官方网站.基本陈列［EB/OL］.（2021-02-03）［2021-03-01］.http://www.hljmuseum.com/clzl/jbcl/.

［12］湖北省博物馆官方网站. 常设展览［EB/OL］.（2021-02-03）［2021-03-01］. http：//www. hbww. org/Views/Exhibition. aspx？PNo＝Exhibition&No＝CSZL&type＝List.

［13］湖南省博物馆官方网站. 基本陈列［EB/OL］.（2021-02-03）［2021-03-01］. http：//www. hnmuseum. com/zh-hans/content/%E5%BD%93%E5%89%8D%E5%B1%95%E8%A7%88%EF%BC%8D%E5%9F%BA%E6%9C%AC%E9%99%88%E5%88%97.

［14］吉林省博物院官方网站. 陈列展览［EB/OL］.（2021-02-03）［2021-03-01］. http：//www. jlmuseum. org/display.

［15］江西省博物馆官方网站. 常设展览［EB/OL］.（2021-02-03）［2021-03-01］. http：//www. jxmuseum. cn/exhibition/base-exhibition.

［16］辽宁省博物馆官方网站. 常规展览［EB/OL］.（2021-02-03）［2021-03-01］. http：//www. lnmuseum. com. cn/news/？ChannelID＝431.

［17］南京博物院官方网站. 常设展览［EB/OL］.（2021-02-04）［2021-03-01］. http：//www. njmuseum. com/zh/exhibitionIndex.

［18］宁夏博物馆官方网站. 常设展览［EB/OL］.（2021-02-04）［2021-03-01］. https：//www. nxbwg. com/c/cszl. html.

［19］青海省博物馆网站. 常设展览［EB/OL］.（2021-02-04）［2021-03-01］. http：//www. qhmuseum. cn/#/exhibitioninfo/permanent.

［20］山东博物馆官方网站. 常设展览［EB/OL］.（2021-02-03）［2021-03-01］. http：//www. sdmuseum. com/channels/ch00019/.

［21］山西博物院官方网站. 基本陈列［EB/OL］.（2021-02-03）［2021-03-01］. http：//www. shanximuseum. com/htltopics. html.

［22］陕西历史博物馆官方网站. 常设展览［EB/OL］.（2021-02-03）［2021-03-01］. http://www. sxhm. com/index. php? ac = article&at = list&tid = 194.

［23］上海博物馆官方网站. 常设展览［EB/OL］.（2021-02-03）［2021-03-01］.https://www. shanghaimuseum. net/mu/frontend/pg/display/gallery.

［24］首都博物馆官方网站. 基本陈列［EB/OL］.（2021-02-03）［2021-03-01］. http://www. capitalmuseum. org. cn/zlxx/cszl.htm.

［25］四川博物院官方网站. 常设展览［EB/OL］.（2021-02-03）［2021-03-01］.http://www. scmuseum. cn/list-1725. html.

［26］天津博物馆官方网站. 常设展览［EB/OL］.（2021-02-04）［2021-03-01］.https://www. tjbwg. com/cn/Exhibition.aspx.

［27］西藏博物馆官方网站. 专题展览［EB/OL］.（2021-02-04）［2021-03-01］. http://www. tibetmuseum. com. cn/zh-CN/exhibitionMsg? isNav = yes&navIndex = 2.

［28］云南省博物院官方网站. 展览［EB/OL］.（2021-02-04）［2021-03-01］. http://www. ynmuseum. org/exhibition/display.html.

［29］浙江省博物馆官方网站. 基本陈列［EB/OL］.（2021-02-04）［2021-03-01］. http://www. zhejiangmuseum. com/Exhibition/BaseExhibition.

［30］中国国家博物馆官方网站. 基本陈列［EB/OL］.（2021-02-04）［2021-03-01］.http://www. chnmuseum. cn/zl/jbcl/.